管他去死是人生最大的自由

The Life Changing Magic of Not Giving a FXXk

活出理想人生的身心靈清理法則

莎拉・奈特 —— 著
Sarah Knight

彭湘閔 —— 譯

「管他去死！」聲明

在本書，我想傳授的是「幹捨離」的生活哲學，教你如何活出「管他去死」的態度。為了提出確切的證據做為佐證，我在書中完整揭露了我已經幹捨離的雜物、想法觀念、大小活動、親友同事以及閒雜人等。在你閱讀本書時，你可能會無法認同我選擇放手的某些項目，但沒關係，這是很正常的。另外，如果你是家有幼兒的家長、K歌魔人，或是我的親朋好友、曾經共事的工作夥伴，你可能還會發現在我所舉的例子當中，其實你就是被我幹捨離的對象（驚）。總之，萬一你感覺自己被影射，或許純屬錯覺，也有可能你的感覺無誤（？）。無論如何，只要書中有任何內容讓你感到有點刺眼，就代表本書正是你千萬不能錯過的救星！還請動一下手指，速速翻到第一章練習：「別再管別人會怎麼看你！」

CONTENTS

目錄

事物

工作

朋友、點頭之交，以及陌生人

第3章 步驟二：執行幹捨離 133

前言

你是否跟我一樣，一直以來都對各種大小事「在乎太多」？你總是為生活所困，壓力沉重、焦慮不已，你甚至對自己的承諾感到恐慌。

《管他去死是人生最大的自由》這本書正是為我們這樣的人而寫。我們總是做得太多、玩得太少，永遠都在追著時間跑，無法投入在真正為自己帶來快樂的人事物。

我在接近三十歲時終於開始清醒，意識到自己並不需要對什麼都說「好」；但等到年近四十歲，我才搞清楚如何徹底實踐。這本書集結了我多年的實證精華，分享了我在幹捨離之路所學到的一切。同時，它也是我重拾快樂的見證，更是一本手把手的教學指南，專為想重獲自由的你而寫，協助你脫離「在乎太多」的困境，追求更健康開心的生活。

日本收納專家近藤麻理惠的《怦然心動的人生整理魔法》暢銷全球，許多讀者都實踐了她所推行的「麻理惠整理魔法」兩步驟：一是丟棄不再令自己怦然心動的物品，二是將剩下的物品好好歸位。麻理惠告訴大家：只要遵循她的整理魔法，你不但能讓居家空間恢復清爽寧靜，還能進一步為自己的生活帶來更大的轉變。

那麼，一本日本人撰寫的居家收納書，跟這本「幹捨離宣言」到底有什麼關聯呢？

哎呀，我還怕你永遠不會問呢！

麻理惠認真慎重地教你如何整理生活空間，而我也想要向你傳授我的私房妙招——內心空間的清理法則（管他去死的人生整理魔法）。

整理你的「在乎清單」抽屜

我在一間大出版社工作了足足十五年。二〇一五年的夏天，我毅然決然轉換跑道，離職當起了自由接案的編輯和作家。告別高聳辦公大樓說的那一天（當晚我還去脫衣舞酒吧找樂子慶祝，舞者從鋼管滑下來的速度，都追不上我那瞬間歸零的公司資歷），我就將以往在乎的人事物全都一起拋到了九霄雲外：主管和同事的想法、趕上通勤班次、上班該穿什麼行頭、要先設好鬧鐘……這些都再與我無關。

我不用再擔心銷售會議、不用再掛念要保持「俐落幹練」的穿衣風格、不用再煩惱公司的全員大會；也不用再像個在牢房牆上畫下「正」字倒數刑期的囚犯一樣，記錄自己還有幾天假可以放。

自從我離開了上班族的沉悶監牢，就多了許多能夠隨意運用的時間。每天早上睡到自然醒，中午跟另一半一起吃午餐，接著再處理手上的案子（或是去海邊玩樂放鬆），並盡我所能地避開紐約市的地鐵惡夢。

那一段期間，我也趁機讀了《怦然心動的人生整理魔法》。倒不是因為家裡太亂，我才急需書中的建議，而是因為基本上我對空間還蠻講究的，平常就習慣留意是否有任何好撇步，能讓家裡看起來更接近居家雜誌裡的美屋照。而且別忘了——我離開公司後多的是時間，可以任意選擇要處理公事、睡個午覺，或是賢慧一下整理家裡。

照著書裡的建議去做後，我驚訝地發現它的書名完全沒有誇大不實，裡面提供的方法簡直就像魔法一樣神奇！

我花了幾個小時，用麻理惠提到的原則來整理另一半放襪子的抽屜，先丟掉他不喜歡跟從來不穿的襪子，再把剩下的襪子摺好，看起來就像一排排立正站好的士兵。這樣一打開抽屜時，有哪些襪子就都一目瞭然。另一半本來還疑惑我是哪根筋不對，居然還特地花這麼多時間整理放襪子的抽屜。而當他看到成果後，瞬間也受到「麻理惠整理魔法」的感召。隔天，他也開始動起手來，主動整理剩下的抽屜和衣櫥。

如果你還沒拜讀過麻理惠那本書，就讓我來解釋一下，我們當時是如何被整理魔法瞬間打動。

我們把不再需要和不再喜愛的衣物全都清光，只留下會令自己怦然心動的衣物。每一格抽屜有什麼都清清楚楚，幫我們節省了「該穿哪件好？」的頭大時間。也因為採用麻理惠的直立摺衣法，衣櫃裡不再有衣物亂塞堆疊，想穿的衣服也不再被穿不下的褲子淹沒，我們不再誤會已經沒有乾淨衣服可穿，也大大減少了洗衣服的次數。

也就是說，單單是「襪子可以一目瞭然」這項改變，就讓我們後續的日常生活更加簡單自在。後來連續好幾週的時間，我都興奮地四處「傳道」（也有不少人被迫聽我傳道）。

拜離職跟整理襪子所賜，我也頓時開啟了轉化人生的心境模式。

望著更加有秩序的居家環境，會令人感到平靜，這點無庸置疑，我也的確喜歡廚房的櫥櫃表面清爽，物品排放整齊。不過，真正讓我開心的是離開厭煩工作後重獲的自由——我所喜愛的人事物、活動與嗜好都得以重返我的生活。原本占據它們位置的，並不是那幾十雙的襪子，而是**堆積如山的義務感和內心雜物**。

我在當下頓悟：真正帶來轉變的主要原因，其實並非是整理襪子這件事。

別誤會了，我很欣賞麻理惠的收納法，她發起了一場透過清理空間讓生活更加愉悅的革命，不但讓我獲益良多，顯然也解救了全世界眾多讀者。如同她在書中說的：「先把家裡清理好，你的人生才會真正啟程。」

把家裡整理好後，真正的魔法，則是在我專注於自己真正在乎的事情時開始出現。

接著容許我倒帶一下。

清空內心雜物的學問

你是否跟我一樣，天生就是無法開口說「不」的好好小姐（先生）？

我自認是個超級吹毛求疵的完美主義者，在童年和青春期時我可說是來者不拒，從小就為了證明自己值得他人的尊重讚賞（就連沒什麼交情的人我也會在意），參加了不計其數的活動、任務與標準化測驗。我會跟完全不合拍的人來往，只為了表現出隨和親切的樣子；我會接下浪費生命的工作，只為了營造自己熱心的形象；我會勉強嚥下令人反胃的食物，只為了維持優雅的那一面。簡單說來，我對太多事情都過度在乎，且總是如此。

那樣的我，生活毫無品質而言。

二十出頭時，我人生中第一次遇到做自己的好榜樣，姑且稱他為傑夫。傑夫是一位事業有成的老闆，交友廣闊，而他不想做的事，他說不碰就不碰。雖然如此，他依然很有人緣，也受到大家的尊敬。他不會去參加你孩子的舞蹈表演，也不會為你在半馬比賽的終點線加油守候，但這些都不成問題，因為他為人本就如此。他非常友善、擅長社交，人人都對他讚賞有加。他總是將心力保留給對自己最重要的人事物，例如，跟孩子維持親近交流、打高爾夫球，或是每晚觀賞老牌益智節目《危險邊緣》（Jeopardy!），而對於其他大小事呢？

他一律都是放給他去！

讓我印象深刻的是，他看起來總是對自己的生活樂在其中，也很愜意快活。傑夫的作風讓我大開眼界，有機會跟這樣的人相處過後，我開始想著：**要是自己也有辦法像傑夫一樣，那該有多好！**

後來在我二十五、六歲時，樓下住了一個愛找碴的惡鄰居，偏偏我無法不去在乎他對我的看法，所以數度屈服於他無理的要求。比方說，有次他特地叫人穿高跟靴到我家裡踏來踏去，然後要求我跟他在樓下客廳一起豎耳聆聽；我明明就什麼都沒聽到，卻還是順從地附和他「好像是有點吵」。

他顯然是個腦筋不正常的怪人，也就是說，就算他對我印象不好又怎樣？回想起來，那位叫羅森柏的老兄第一次來找麻煩時，我根本就不用理他！他抱怨我的室友「在房間運動很大聲」吵到他，但當時我室友分明人在歐洲旅遊，整整兩個星期都不在家！

我在快三十歲時訂了婚，有段期間為了婚禮忙得昏天暗地。籌備婚禮極度耗費心力，要編預算、找場地、找外燴、挑婚紗、選婚攝、挑花束、找樂團、決定賓客名單、決定請帖的用字遣詞跟紙張厚度、寫誓詞、選蛋糕……等等，其中有不少事我覺得很重要，但也有一些事其實無關緊要。即便如此，我還是在每一件事都投入同等心力，因為當時的我還不知道可以有別的選擇。這讓我壓力破表，**不但對自己有諸多不滿，也很不快樂**。隨著婚期愈來愈接近，我除了伴隨而來的頭痛、胃痛，身上甚至起了跟婚紗花紋相仿的粉紅疹子。

當時我還跟另一半鬧得不愉快，導火線就只是為了婚宴上要不要彈奏〈棕眼女孩〉。現在回顧，那種芝麻小事真的值得我們花那個時間爭論嗎？

還有，我真的有必要大費周章地挑選開胃菜的菜式嗎？婚宴當天拍照時，那些小菜全都拿去墊賓客的胃了，我本人連半口都沒吃到！

為了那些微不足道的瑣事消磨自己，根本完全不值得！

話說回來，當時我有一件事算是突破自我，獲得了小小的勝利。雖然我必須為了賓客名單煩心，煩惱要邀請哪些人來（這當然也是因為身為新娘，我會在乎需要砸多少錢），不過，你猜怎麼來著？我根本不在乎賓客的座位到底該如何安排，最後也就真的放手不管。

當時我心想，大家都是成年人了，不需要仰賴我安排位置了吧？他們都有能力選擇適合的座位坐下，在我負責買單的婚宴上盡情吃喝玩樂。所以，我決定不再死命盯著場地圖發愁，像在撥弄算盤般不停移動賓客的名字，研究有攜伴的人要坐哪裡才合適。決定放下這件事不管幫我省下了不少時間（搞不好有十幾個小時），勝利！

結束了籌備婚禮的疲勞轟炸後，身心俱疲的我已經來到崩潰的臨界點，不過我也在放棄賓客座位表這件事上看到了一絲曙光。這件事「照理說」應該被看重，但我當時已經完全不想管。我沒有讓義務感凌駕於自己的個人喜好，而是拿出「管他去死」的態度，讓那些賓客自己想坐哪就坐哪。結果結婚當天，有任何人來跟滿臉通紅的新娘子表達半句怨言嗎？事實上根本沒有。

因此在往後幾年，**對於惹我心煩的小事，我一律都「管他去死」**！我再也不參加下班後的同事聚會、刪了臉書上的一些討厭鬼，也不再忍受文青友人的另一場讀劇。

也因此，我整個人都變得更開朗，不再總是感到無力負荷，情緒也穩定許多。有人打電話來推銷時，我可以二話不說直接掛掉；家有吵鬧幼兒的親友邀約週末出遊時，我可以堅定說不；影集《無間警探》（True Detective）到了第二季走下坡，我只看了一集就棄追。我學會做自己，也開始有辦法把專注力放在真正讓我「怦然心動」的人事物上面。

很快地，我發現自己也有些相當適合跟大家分享的「人生整理魔法」。

有某些事物讓你怦然心動嗎？那麼無論如何，你都要投入在乎成本。

不過，或許我們更該關心的是：

如果它讓你感到心煩呢？

面對心煩的人事物，你需要的是停止去在乎。別再猶豫。我會告訴你怎麼做。

我研發出一套方法，**藉由「幹捨離」來清理你的內心空間**。所謂的幹捨離，就是不再將在乎成本投入到令你心煩的人事物上，它們既不會為你帶來快樂，也無法改善你的生活。如此一來，你就可以把省下來的時間、心力或金錢，分給能夠讓你怦然心動的事物。

這套方法我稱為「不抱歉的清理法」，和整理魔法一樣分成兩個步驟：

步驟一，決定你想要幹捨離的對象。

步驟二，付諸行動，執行幹捨離。

顧名思義，執行這些步驟時，你應該「不需要感到抱歉」。

這個方法非常簡單，書中會有各種工具跟思考原則來幫助你做得更好，大幅改善你的生活。**只要開始實踐不抱歉的清理法，你就會發現自己再也不想，也不再需要去理會那些無關緊要的人事物。**

幹捨離的魔法

透過本書，你可以學到以下內容：

- 了解「在乎太多」是你人生的最大阻礙——學會如何放下。
- 如何藉由「心煩感」跟「心動感」，分類該在乎的人事物。
- 是否該付出在乎成本的簡易判斷原則。（例如：這件事也會影響自己之外的人嗎？）
- 進行幹捨離的同時，又不至於淪為爛人的訣竅。
- 認識事先列出「在乎預算表」，並且嚴格執行的重要性。
- 掌握幹捨離的技巧後，將如何翻轉你的人生。
- 更多講不完的好處！

只要對那些不該在乎的事拿出「管他去死」的氣魄，你就可以把更多的時間、心力或金錢，投入到自己真心喜歡的事物，你的人生將會更美好！

我就是最好的示範。以前我連出門去個便利商店都要化妝，進行幹捨離後，我多了悠哉的十分鐘可以坐在沙發上，輕鬆翻著剛從店裡買回來的八卦周刊。

還有，自從我不理睬（我超討厭的）新生兒禮物派對，我在許許多多的週日下午，都能大口呼吸著自由的空氣。

告別新生兒禮物派對後，省下來的時間我都在做什麼呢？首先，我會在家幫自己倒一杯雙份龍舌蘭酒，再拿起滑鼠到嬰幼兒用品網站點個幾下，迅速下單閃亮亮的全新集乳器，做為禮到人不到的心意。接下來我會拿起酒杯，遙想那位準媽媽（也就是我大學時代的辣妹室友），向她那對在一九九八年春假贏得某餐廳「濕T恤大賽」的美胸致意：祝一路哺乳順暢！

一個只要花十分鐘網購輕鬆搞定，一個得耗上四小時玩尿布裝飾遊戲，還只能喝無酒精的飲料，不用想也知道該選哪個。當然，你有可能覺得這是意義重大且值得出席的活動，只是對我而言並非如此。參加那種派對令我心煩的程度，就好比週末還得配合想撿好康的另一半去逛別人家後院的跳蚤市場，只會帶給我無止盡的心煩。

把幹捨離用在什麼地方不是重點，關鍵在於：只要你實踐「不抱歉的清理法」，學會瀟灑拒絕，保證你整個人會神清氣爽，行事曆會多出空檔，而你的時間和心力還能用在自己真心喜愛的地方。

我發誓，你將會開始懂得人生的美好。

第1章

談「在乎成本」與幹捨離

請問問自己幾個問題：我是不是壓力太大？事情太多？覺得生活無聊透頂？只要任何一項回答「是」，就再問問自己：我怎麼會把自己搞成這樣？答案絕對是「因為有太多事情等著我處理」。更確切地說，是因為**你誤以為自己非處理那些事不可**。

這邊將為你指出一條新的路。

在這本書當中，「付出在乎成本」這個說法有兩個含義：

- 第一個意思是給予心理上的關注，也就是「在乎某個人事物」。運用在幹捨離的第一步，代表不再去理會某個人事物。
- 第二個意思是實質上的投入，也就是「付出時間、心力、金錢」。運用在幹捨離的第二步，代表停止繼續投注在乎成本。

無論是哪個意思，如果想改變自己的人生，唯一的方式就是**不要再去在乎**。我所研發的「不抱歉的清理法」，將會幫助你不再把時間、心力、金錢用在無意義的人事物上面。老實承認吧，你很清楚那些事情對你而言是在浪費生命，只是不敢面對。

不要再委屈自己，現在就踏上斷捨離的旅程吧。

為什麼我應該要在乎？

這真是人生的大哉問，也是人人該省思的問題。

與其盲目度日，對所有需要花時間、心力、金錢的人事物都說好，無論你是樂意說「好」，甘願說「好」，還是咬著牙說「好」，在你張口吐出這個害人不淺的字眼之前，都應該要先問問自己：我真的在乎嗎？

你可能之前不曾意識到，你的在乎成本就好比珍貴的限量商品，一旦付出太多，你就會像歸零的銀行戶頭一樣被掏空，讓自己處於焦慮、壓力和厭世之中——這一點也不好。只要為自己列出「在乎預算表」，你就能排好在乎項目的優先順序，珍惜自己的在乎成本，就此告別那些沒意義的人事物。

不過，在開始斷捨離之前，要先討論哪些事值得你的在乎成本。

如果是不會惹你心煩意亂，而且還會令你怦然心動的人事物，你當然應該付出在乎成本。有時很容易取捨，三兩下就能做出決定；但更常出現的狀況是，你完全沒有先冷靜下來權衡輕重，或是雖然記得評估，卻還是做出了不明智的抉擇，這種時候你就需要「不抱歉的清理法」。

或許是出於愧疚、義務感，又或者是焦慮，多數人總是不經思考就草率答應付出自己的時間、心力或金錢。直接說「好」最快，最不會引起他人反感，卻會導致我們生活中讓人心煩和心動的人事物比例失衡。

這樣的行為不但沒意義，還會讓你離自己的「理想生活」愈來愈遠。接下來請仔細想想：**與其出於愧疚、焦慮或責任感才說「好」，難道你不想讓自己在展現仁慈的同時，又能保有掌控感和自由嗎？**其實你可以把聖誕老人當成模範，只不過你身上背的那個大禮物袋裝的不是玩具，而是你的在乎成本，你只會把在乎成本發給你認為值得收下的好孩子。

請停止說「好」來討好別人，花點時間**思考你是不是真的在乎那些事，釐清哪件事真的值得你投入時間、心力或金錢**，成為「在乎預算表」上的分項帳目。

唯有在你誠實回答之後，才能夠妥善分配你的在乎成本，透入到最不心煩的人事物、丅想法或興趣上，並從中獲得最大的喜悅。

仔細想想你就會發現：生活就是一連串說「好」加上說「不」的取捨，有時付出，有時保留。如果你繼續走在不歸路上，未來每一天你都只能過得委曲求全，一次次被榨乾，最後才驚覺自己所有的付出到頭來都只是爽到別人，苦了自己。

「不抱歉的清理法」將能幫助你改變這一切。

是時候捨棄原本的做法了，你應該要開始反其道而行，別再因為莫名其妙的理由跟自己過不去。

斡捨離的基本原則

所謂的斡捨離，指的是**先照顧好你自己**，就好比是搭飛機時萬一出了狀況，你需要先幫自己戴好氧氣罩，才有餘力幫助他人。

斡捨離也代表**允許你自己對各種情況說「不」**，勇敢宣布「我不想」、「我沒空」、「我負擔不起」……等等。

更重要的是，斡捨離的真諦是**讓你在說「不」過後，不被困在擔心、焦慮、恐懼、愧疚的負面情緒中**，讓你可以停止把時間花在不喜歡的人身上，也不用再去做不喜歡的事。

斡捨離也意味著**減少內心的雜亂**，擺脫生活中讓你心煩的人事物，將內心的空間保留給自己由衷在乎的對象。

你可能覺得這樣聽起來很自私？沒錯。但這其實也會連帶讓你身邊的人過得更好。

你將會停止擔心所有「該做」的事，開始專注在「想要做」的事。你會變得更開心，在職場上更親切，同事和顧客會更愛你。你會有更多的時間好好休息，跟朋友相處時也會更有力氣發揮幽默感。你可能會選擇更常陪伴家人（也有可能相反），你們的家庭時光會更有品質。

你的時間、心力或金錢都會增加，迎向理想的生活。只要實踐「管他去死的人生整理魔法」，你就能晉升人生贏家。

那些擁有「管他去死！」氣魄的人們，究竟是何方神聖？

就我個人的經驗來看，他們不外乎三種身分：

一、小孩子：年幼無知的人。
二、王八蛋：自私自利的爛人。
三、開悟者：已經清醒的人。

小孩子

小孩子天生就懂得幹捨離，他們不需要在乎太多，因為根本沒那個必要。一般而言，小孩子身邊都會有大人負責照料基本需求，而且就算沒有獲得滿足，他們也分不清楚。如果每天都有人幫你洗好衣服，就算吃點心時沾得滿褲子都是，你也不痛不癢，還會把優格倒在自己頭上玩然後哈哈大笑。當你一哭鬧著口渴，就會有人連忙把水端到你嘴邊，你就不會費心記住水杯放在哪；當你一吵鬧就可以得到新玩具，就算玩具沒拿好掉到馬桶裡，你也不會在乎。當你的肌肉協調能力都還沒發育好，你還會管鞋帶到底有沒有繫好嗎？

小孩子能夠活出「管他去死！」的態度，一部分的原因是他們還是白紙，尚未體會到生活的現實面。他們的內心空間依然整齊有序，他們還沒經歷過世界上的各種爛事，所以內在也沒有什麼雜物需要清理。

能當個孩子何其幸運。

話說回來，人生也不是天天都在過年，小孩子總有一天必須長大。到了一定的時間點，每個人都必須面對現實，換掉魔鬼氈童鞋，認命練習綁鞋帶。如今的你所能做的，就是找到回歸的方法，重拾孩提時代魔法般迷人的平衡狀態，懷抱孩子般「做自己」的熱情，替已經成為大人的自己減輕負擔。

王八蛋

第二種要討論的人是王八蛋。這種人之所以能拿出「管他去死！」的魄力，是因為他們天生只顧自己，就算會讓人不舒服、踩到別人的地雷，或是造成別人困擾，他們依然我行我素（其實有些小孩也可歸類為王八蛋，但在這邊姑且略過不提）。可別搞混了，比起我前面提過完全做自己的傑夫，這些爛人的水準跟他天差地遠。王八蛋是無法贏得別人尊敬，也無法受人喜愛的。即使旁人會對他們心存顧忌，也毫無好感可言。

王八蛋不在乎的10件事

1. 其他人的個人空間。
2. 讓別人乾等。
3. 在大眾交通工具上大聲說話。
4. 亂扔垃圾。
5. 適當給予服務費。
6. 在密閉空間發出濃烈氣味。
7. 轉彎時該打方向燈。
8. 是否擋到電梯出入口。
9. 遛狗完要清理排泄物。
10. 別人覺得他們是混蛋。

如果你在乎別人對你是否有好評價，就千萬別加入王八蛋的行列。當然，身為王八蛋的話，你的每週行事曆就會有空檔，不再塞滿各式各樣的社交活動；這並不是由於你妥善分配了在乎成本，將額度留給真心在乎的人事物，而是單純因為不會再有人想邀請你了。

這並不是我們樂見的結果。我的方法是要教你如何擁有想要的一切，擺脫不喜歡的種種，並且留給大家坦誠直率的好印象，這也就是下面要談的第三類人……

開悟者

沒錯。你可以進入大徹大悟的境界，活出「管他去死！」的態度，但又不用淪為爛人。你可以回到跟孩子一樣做自己的天真狀態，同時又擁有孩子做不到的自我覺察。以我為例，進行幹捨離後，我依然有一連串在乎事項清單，例如：要準時、要睡滿八小時、披薩只吃手工製的……其中一項我最在乎的事就是「保持禮貌」。也就是要誠實，但保持禮貌。

舉個例子，假如朋友邀請你到他的湖邊小屋共度週末，回家後你可以親手寫張感謝卡致意。這樣一來，你下次婉拒參加他熱愛的文藝復興園遊會時，他就不至於覺得心裡不舒服。

這個方法其實只是運用常識。你很樂意住在小屋度假，但不想勉強自己參加主題園遊會嗎？那就記得寫張卡片給朋友，表達你的感激，這樣就能兩全其美！

如何成為開悟者？

本書就是要幫助你達到開悟的狀態，讓你只將在乎成本花在必要的人事物，但又不至於重蹈我走過的冤枉路。

書中將逐步引導你，協助你盤點自己的在乎事項，教你分辨是否該在乎某個人事物。讓你能夠幹捨離那些不用在乎的東西，同時不至於變成爛人。

當初我拿出「管他去死！」氣魄踏上幹捨離之路後，其實也非一帆風順。我一開始忽略了循序漸進的重要性，就直接對身邊親友採取了高強度的「不抱歉的清理法」。比方說，我的猶太朋友都還沒提起這件事，我就已經先說不會去參加他們孩子的割禮，當時太急於擺脫「參加宗教典禮」這個項目，卻忽略了朋友的感受（我還是在乎朋友心情的）。在我寄出郵件宣布「我不會出席割禮喔」的當下，那個孩子才正要從媽媽的肚子裡出來而已。現在回想起來，我還是覺得相當抱歉。

學乖的我，後來也優化了這套方法。

「不抱歉的清理法」的中心思想就是「別淪為王八蛋」，畢竟我並不想失去朋友。我之所以希望能夠更有效管理時間，就是因為想要更享受跟朋友的聚會。

後來我發現，同時運用「誠實」和「禮貌」這兩個要素，並視情況調整兩者的比例，正是幹捨離過程中最佳的潤滑劑，能讓你進行得更加順暢。

「誠實以對」和「保持禮貌」：缺一不可

想將不抱歉的清理法發揮到淋漓盡致嗎？如果在斷捨離過程中，「誠實」和「禮貌」兩者顧此失彼，是沒辦法成功的。如果你很坦率，但表現得很失禮，這代表你需要向對方道歉；你如果很有禮貌，卻一派胡言，這也很糟。撒點小謊是一回事，但如果你被抓到了大謊，我保證你會後悔莫及，這也違背了「不抱歉的清理法」的真諦。成功的關鍵在於，你需要巧妙地結合這兩個要素。

不過，在開始「不抱歉的清理法」的第一個步驟之前，在你開始向他人誠實以對並保持禮貌之前，有個最重要的先決條件，那就是「停止在乎別人對你的看法」。

讓我們來進一步了解吧。

別再管別人怎麼看你！

「不抱歉的清理法」能開啟你邁向美好人生的那一扇門，「別再管別人怎麼看你」就是你上路的第一步。否則，你會像困在城堡周遭的護城河裡，狼狽地耗盡力氣不讓自己滅頂，還得避免被飢腸轆轆的鱷魚群給吞下肚。

別再管別人對你的看法，可以幫你在斷捨離的第一個步驟暖身，決定出想放手的項目，等到了付諸行動的第二步驟時，就能用正面且有效的方式，向別人表達自己的決定。

你可以不用再理會其他人怎麼想，同時也不需要擔心會讓人感到不舒服或激怒他們。當你想要對某個人事物斷捨離，你往往會感到羞慚內疚；這通常不是因為這件事本身有什麼錯，而是因為你擔心別人會如何看待你的決定。

但重點就在於：**你是無法控制別人怎麼看待你的。**

我們連自己的想法都時常搞不清楚，你還痴心妄想能夠控制別人的想法嗎？如果你把在乎成本浪費在這樣的目標上，一切都只會徒勞無功。

在乎他人與否所造成的影響之中，你唯一能控制的，就是自己的行為會如何影響對方的「感受」，而非「看法」。關於「別人怎麼想」這一點，應該要分成「感受」和「看法」，這兩者截然不同，我之後會詳細解釋。現在先來看看我是如何實踐這個方法，來處理我所能控制以及無法控制的項目。

當初我在掙扎是否要辭掉工作改當自由工作者時，對這個決定會影響到的所有層面，都焦慮到不行，主要是擔憂放棄了原本的「生涯跑道」，也煩惱這樣等於是在我的銀行戶頭投下一顆不定時炸彈。同時我也擔心其他人會怎麼想，親友、同事、主管會如何臆測……她是不是只想當米蟲？她會不會太衝動行事？她是發大財了嗎？難道她都不在乎離職，等於讓我們這些留下的人來幫她善後嗎？

如今，身為「不抱歉的清理法」的資深老鳥，關於當時的種種臆測，我已經可以打開天窗說亮話了。

第一，我喜歡工作，只是不想再繼續做那一份工作了。如果其他人要因此認定我就是個懶女人，那是你們自己的問題。

第二，我是深思熟慮後才決定離職，而非一時衝動。就算我真的是魯莽行事好了，那也是我自己該擔心的事。

第三，沒有，我並不是中樂透才走人。（就算我真的中了樂透又怎樣？你們很清楚，要是你們自己中獎，也會辭職不幹。）

如今回想，那些顧慮都微不足道。當時我最煩惱的，其實是離職後我會不會害其他人的生活暫時停擺？他們會不會怪罪於我？

當時的我必須做出取捨，放下自己無法掌控的事。比方說，老闆要花多久才能找到新人接替我的工作？透過斡捨離，我把心力擺在自己能控制的事。例如，我不用再每天一大早就得起床，離開睡得香甜的另一半，揮別寧靜公園的美景，困在臭氣熏天的紐約地鐵上，忍受四十五分鐘的長途車程，就為了去做一份我已經不愛了的工作。

離職後，「下一個案子從哪裡來」、「經營更新個人網站」這類事物成了新生活裡占據我注意力的主題，我也樂在其中。畢竟，自由接案的形態讓我可以睡得更飽，有更多時間陪另一半，而且我現在的通勤距離只有幾步之遙，從床上走到沙發就能立刻上工。

從我能夠分辨「在乎自己覺得有意義的事」跟「在乎別人怎麼看待我在乎哪些事」兩者差別的那一刻起，我就開悟了，一切頓時迎刃而解。

別將「感受」和「看法」混為一談

讀到這邊，你可能緊張到呼吸急促，這沒什麼好丟臉的。你可能在心裡吶喊：我怎麼可能不去擔心別人怎麼看我？我天生就是會顧慮東顧慮西的啊！

聽清楚了，你天生的性格只能陪你到這邊了，為了要活出理想生活，你需要把個性砍掉重練才行。

你容易在乎別人怎麼想，是基於兩個理由：第一，你不想當壞人；第二，你不想要被別人視為王八蛋。

當然，你應該要繼續在乎別人怎麼想，因為這關係到他們的**感受**。也就是說，如果你想幹捨離，你應該考量是否會傷害到其他人的感受。當你的所作所為會傷害到他人的感受時，摸摸自己的良心，你心知肚明。我說過，別淪為一個王八蛋。

你不必理會的是別人的**看法**。此外，如果你能使用表達「意見」的適當措辭，也是有效的好方法。你的用字遣詞應該要誠實有禮，又能讓人卸下心防。這樣一來，你就不需要扮黑臉，也不至於被別人視為混蛋，也就可以不需擔心別人怎麼想了。

如果你還是不懂，那我換個方式解釋。**我們身而為人，對他人的意見不認同或是想法不同時，絕對擁有表達的權利，但是要記得透過禮貌的方式**。這樣是屬於被動防守的做法，而非主動攻擊，就不會傷害到別人。假如你很愛純天然手工花生醬，那很好，只是我剛好不喜歡，我覺得吃起來滿噁心的，這種話說起來就無傷大雅。

現在假設你是我的朋友，而且就是在販售純天然手工花生醬。你已經邀請我去你家參加了好幾次「有機花生醬萬歲！」派對。在你家廚房時，我看到一罐罐花生醬可憐兮兮地堆在檯面上，心裡開始感到有壓力，覺得自己需要帶一瓶走，好讓你閉嘴別再推銷。

這可是個大考驗的關鍵時刻。明明我討厭手工花生醬，怎麼還會考慮要掏出辛辛苦苦賺的錢來買？

我來告訴你為什麼吧。因為我在腦內小劇場先想像自己說出真心話：「你這怪胎，快把那種偏激的養生魔人才會吃的鬼東西拿離我遠一點！」要是真講了這種話，絕對會傷害到你的感受，而這不是我樂見的結果。所以，我是否應該考慮直接拿出二十美元，買下那罐兩百多公克黏乎乎的花生醬呢？（雖然它看起來就像嘔吐物一樣噁心。）

不不不，不該是這樣！

比較明智的做法是：坦誠以對，但要保持禮貌。我應該坦白告訴你自己的看法跟你不同，我其實對純天然手工花生醬沒興趣。透過這樣的說法，就暗示了我今晚沒有買花生醬的打算，而且也永遠都不會買。

從上面的狀況題，你看得出來我在示範什麼嗎？我會在乎你的**感受**，畢竟你是我的朋友（雖然強迫推銷花生醬這一點很煩）；但我不必在乎你對我是否喜歡天然花生醬這件事的**看法**。就算你選擇轉頭就走，認定我的動脈遲早會被反式脂肪酸堵塞（「誰叫妳吃三明治時就愛配不健康的油脂！」），我也不會少一塊肉，我的身體是我自己的事。現在，你看出來了嗎？我對天然花生醬敬謝不敏，而我傳達的重心是強調兩人的看法不同。

你只需要記得，這種情況無關情緒，就只是大家各有所好，這樣就不會傷害到彼此的感受。

「不抱歉的清理法」訣竅就在於：不帶情緒地單純表達意見。

不過，俗語說得好，「幫貓剝皮的方法有百百種（噁）」*達成一項目標的方法可以有

* 英文慣用說法「there are many ways to skin a cat」，指可以解決問題的辦法多得是。

好幾個，假如你跟朋友是在敏感話題上的核心價值觀有所衝突，在表達時就務必小心，不能講得太直接，也要格外注意禮貌。跟對方明說你不認同有機的純天然花生醬對健康有益，這沒什麼關係；但「女人憑什麼有選擇權？」「巴勒斯坦根本不該獨立！」「新英格蘭愛國者美式足球隊都是靠下三濫的手段才會贏球！」這種白目內容就不該大聲嚷嚷。

遇到這類情形，如果你不認同其他人的看法，也不想吃人拳頭，或是被政府列入禁搭飛機的黑名單，你唯一需要做的就是傳達彼此的想法不同，然後識相點，讓一切到此為止。

比方說，你是個家長，而身邊總有其他人愛指點你帶孩子的方式。有可能你也看不慣他們怎麼教孩子，但你沒有他們雞婆，知道這種事不適合多嘴。畢竟，教養孩子本來就不是件容易的事，爸媽的出發點也是出於對小孩的愛。對於旁人不請自來的高談闊論，你需要花很大的力氣，才能在「由衷採納」跟「聽到一肚子火」之間取得平衡，既然育兒建議經常反映出你們迥異的價值觀，自然也會牽動著你們的感受。

有一天，你帶孩子去公園的遊戲區玩，聊到孩子跟爸媽是否晚上該睡同一張床的話題時，現場的家長開始你一言我一語地辯論起來。假設其中一個媽媽叫史黛西，她跟你的立場相反。

對於孩子晚上跟爸媽一起睡，耽誤他們生完小孩後恢復的兩人時光，你跟史黛西的看法不同，你也不希望她因此認為你是失職的家長。無論你的立場是贊成或反對，你都不想在表達相反的意見時，讓史黛西覺得受到冒犯，或是害你的小孩在遊戲區受到大家排擠，衣服還被別人寫上「你爸是混帳」。

在今天以前，你可能會擠出微笑，勉強點頭，或許還會花個二十分鐘聽史黛西氣憤地說個不停，抱怨某些家長沒有照她認同的方法養育孩子。而你這種壓抑自己接受的行為，外加消耗了二十分鐘的在乎成本，就好比是有白蟻在木屋裡開趴，瘋狂啃蝕著你的內心。

你需要施展改變人生的魔法，愈快愈好，不要拖延！

下一次相同的情況又上演時，你只需要平靜地望著史黛西，聳聳肩告訴她：「我懂，不過每個人都有自己的看法嘛！」接下來你就轉移話題，開始聊些不痛不癢的事，比方說，喬治克隆尼真的愈老愈帥嗎？（其實不是。）

透過這種說法，你傳達了史黛西的意見並不是唯一的看法，而你也不想附和她或是跟她爭辯。你沒有攻擊她的價值觀，在過程中也沒有傷害到她的感受，所以你既不會成為也不會看起來像是王八蛋。你坦率以對，而且毫不失禮，你可以順利脫身，心裡明白你不用顧及史黛西在想什麼，她也無法對你說的話挑出任何毛病。

這個時候，你的心情會是如何呢？**沒錯，你完全不用感到抱歉。**

聽到耳朵長繭的「不好意思」、「抱歉」

在這個社會，「不好意思」、「抱歉」成了很方便的用詞。雖然有時候是代表當事人緊張或懊惱「我怎麼會做出這種事？」但更多時候純屬敷衍，「我不是真的感到抱歉，只是想讓你不要計較我做的事。」或是「明知做這件事會對不起你，我還是會做。」

我在這裡必須說些女性讀者可能會感到刺耳的話。女生就是特別容易說抱歉，原因不外乎是提前主動保護自己，以免在職場或生活中受到朋友、伴侶的批判。

當你真的做錯事，的確應該感到抱歉，也應該向對方道歉。但如果你是打算做些差勁的事，想說聲「不好意思」或「抱歉」就想息事寧人，這就錯到離譜了。你真正應該做的是別繼續當個王八蛋。

話說回來，要是你根本沒做任何需要抱歉的事，你可以做的是：第一，別再感到抱歉；第二，也別再對別人道歉。

「不抱歉的清理法」正是一個名副其實的妙招，只要照著實踐，就能帶給你啟發，讓你在採取行動時不至於做出需要道歉的行為，內心也完全不需要感到抱歉。

我們來複習一下，**如果你的在乎與否會影響到其他人**，例如婉拒購買朋友的手工花生醬，或是評斷別人教養孩子的方式，你都應該要誠實有禮地說出自己的決定。記得要表達出你們只是看法不同，九成的情況下都可以安全過關。

另一方面，**如果你的在乎與否只會影響你自己**，例如出門買東西時，你不想再特地梳妝打扮，那麼就別再管別人怎麼想。就算你穿著瑜伽褲，上半身配一件紀念T恤，那又怎樣？你開心就好，完全不用鳥別人的眼光，這樣穿很舒服才是重點，而且結帳時還能避免再次被店員搭訕糾纏。

萬一你面對的是介於兩者之間的情況呢？那你還有這本書能夠為你指點迷津。

一開始你可能會不習慣，需要花一點時間適應，但是你真的需要認真練習放下別人對你的看法。

記得別當個王八蛋

強調個一百次都不為過，在正確執行的前提下，活出「管他去死！」的態度跟當個王八蛋絕對是兩碼子事。你需要先釐清自己想要幹捨離某個項目的理由，再想像你放手不管會對其他人造成什麼影響，然後儘量避免傷害他人感受。如此一來，你就會對該如何行動心裡有數。記得對別人表達時，要盡可能兼顧誠實和禮貌，免得哪天走在路上忽然被人蓋布袋。

先編好你的「在乎預算表」

當你想買某個眼前負擔不起的物品，例如全新的滑雪板，你會開始存錢。幾個月後，你終於能帶著辛辛苦苦存到的金額走進滑板店，把心愛的滑雪板它帶回家……那種心滿意足的愉悅，你懂的。

在那個當下，你可能完全不會想到自己過去幾個月為了滑雪板犧牲了什麼。不過你的確付出了代價，有可能是放棄了甜甜圈和牛排，每天都只能用簡單的三明治果腹。又或者，你可能為了多賺一點錢，跑去甜甜圈店或牛排館打工，這時你犧牲的是休閒時間。無論是選擇開源還是節流，你的目標都很明確——就是要存到買滑雪板的錢。因此，你會計算必須存多少錢或是工作多少時數，也會嚴格執行。

我建議你該比照上述的情況，動手列一張在乎預算表。

當你在煩惱是否應該為了避免傷害朋友的感受，直接買一罐自己根本不愛吃的花生醬，與其將這個情況視為關乎生存哲學的大哉問，不如將它視為「在乎預算表」上面的一條分項帳目。

買下一罐二十美元的純天然花生醬，就等於花掉了一份在乎成本。把錢用在花生醬後，也代表你少了一份能用在其他等值事物的在乎成本。比方說，二十美元的車資。等你離開養生魔人的「有機花生醬萬歲！」派對後，就必須忍受搭公車或地鐵的不便，或者必須從滑雪板基金或下個月的房租基金扣掉二十美元。

你所付出的在乎成本，是不是開始顯得彌足珍貴了？

當然，並不是每件事都需要跟錢扯上關係。在乎成本消耗的也可能是時間或心力，你可以幫自己的時間和心力列一張預算表，就跟規定自己只能花掉多少張大鈔一樣簡單。

舉個例子，假設你的孩子班上有個家長會固定做餅乾贊助班級的義賣活動，不但閒到會特地在餅乾上用糖霜畫笑臉，還會另外準備給貓咪吃的無麩質餅乾。但你沒那個美國時間也沒那個心力可以準備手工餅乾。你擁有的只是二十美元，在考慮要買現成的市售餅乾捐出去義賣，同時又擔心其他家長對你說三道四，認為你便宜行事。

我接下來要說的話，你應該已經猜到了吧？

你需要做的是：第一，別擔心其他人怎麼想，第二，幫你能投入的在乎成本編列預算表。沒時間沒力氣嗎？花錢了事就對了！

有太多時候，我們在分配自己的在乎成本時都忽略了眼前的目標，導致我們習慣立刻說「好」，任由他人安排。例如，你一口答應朋友週末要一起飛到溫哥華度假，結果事後才在那邊後悔自己太衝動。為了讓人生中快樂的可能性最大化，在同意付出在乎成本之前，你都需要先把結果想清楚。你的時間、心力、金錢應該要花在能讓自己更快樂的事情上，假如去加拿大度假會讓你心煩，你可不想等到人都出發了才意識到這一點。下次又要草率說「好」前，先冷靜一下，好好計算一下，或許你就會清醒過來而懂得拒絕。

看我幹捨離不順眼的人，該拿他們怎麼辦？

我們身邊都不缺這種人。你已經盡可能坦率以對並保持禮貌，偏偏他們就是聽不進去。他們管不住自己的嘴巴，無法不跟你爭論或自以為好言相勸，想說服你改變心意。無論你想幹捨離什麼，他們都認定那件事很重要，無法接受你有不同的意見。

例如，他們無法接受你不看美式足球比賽、不聽爵士即興演奏，或是你拒絕出席家族的宗教聚會。任憑你再如何誠實有禮，對方就是聽不進去。對付這麼煩的人，就是要讓他們踢到鐵板，**就算他們心裡因你而受傷，也是自找的**。

你必須考量到他們會長期耗損你的在乎成本。如果你希望對方永遠閉嘴，那麼你在跟他們應對時當個壞人，或被視為壞人，可能反而有利無害。

總結

關於管他去死的人生整理魔法，重點在於：一、排好優先順序。二、**心動**的事項優於**心煩**的事項。三、**樂意選擇去做**優於**出於義務才做**。弄清楚**看法**跟**感受**的差異，嚴格執行在乎預算表，並把焦點放在獎勵上。

我們來回顧一下幾項基本原則，以下是供你參考的方法和流程，幫助你決定要對哪些事項幹捨離。

- 你即將付出（或不付出）的在乎成本只會影響你自己嗎？還是會影響其他人？
- 如果只會影響到你，恭喜可以進到下一步！
- 如果還會影響其他人，你必須先別管別人的想法，才能進到幹捨離的下一步。
- 為了要做到這一點，你必須把別人的看法跟感受分開來看。
- 記得別成為王八蛋。
- 現在，確認你的在乎預算表：付出那份在乎成本值得嗎？你能負擔得起嗎？
- 如果答案是肯定的，那麼就想盡辦法去做吧！如果答案是否定的，就誠實有禮地進行幹捨離，並做到百分之百、貨真價實的「不感到抱歉」。

假如你是視覺型學習者，下頁的流程圖能夠幫助你決定該不該付出在乎成本。閱讀途中歡迎隨時翻回來參考。

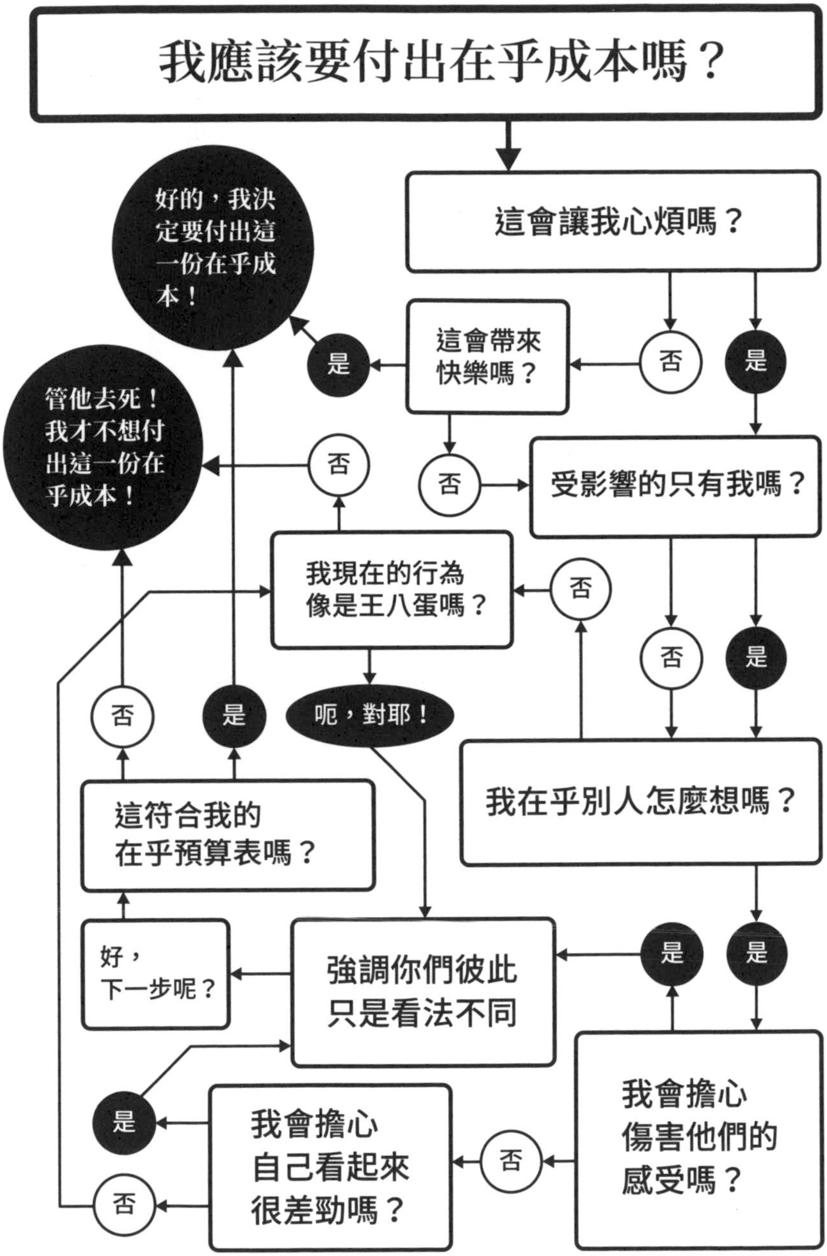
我應該要付出在乎成本嗎？
這會讓我心煩嗎？
否
是
這會帶來快樂嗎？
是
好的，我決定要付出這一份在乎成本！
否
受影響的只有我嗎？
管他去死！我才不想付出這一份在乎成本！
否
我現在的行為像是王八蛋嗎？
否
否
是
呃，對耶！
否
是
這符合我的在乎預算表嗎？
我在乎別人怎麼想嗎？
好，下一步呢？
強調你們彼此只是看法不同
是
是
我會擔心傷害他們的感受嗎？
是
我會擔心自己看起來很差勁嗎？
否
否

先來看看在第二、三章，我會繼續跟你分享什麼：

- 陪你一起審視內心的雜物，準備接下來的斷捨離。
- 教你預先分類在乎事項，方便你之後能有信心、精準地做出取捨。
- 提供我個人「新手幹捨離的十項清單」的範例。
- 示範執行幹捨離第二個步驟的好用策略。
- 協助你辨識由衷在乎的事項，把壓力降到最低，迎向最大值的快樂，盡情施展改變人生的整理魔法。

在這邊還有最後一個練習，好幫助你快點進入狀況。

視覺化的想像練習

找個地方先坐下來，全身放鬆。

請你花一分鐘，隨意想像**目前所有你被迫在乎的人事物，無論壓力源是來自於朋友、家**

人、社會，或是你本身扭曲的義務感都行。

你被迫在乎的事項可能如下（且不限於此）：繫腰帶時，必須配合當天的包包花色；使用領英社交平臺；只能吃在地生產的食物；做熱瑜伽；用健康飲食法減重；讀完一整套《哈利波特》；喝養生茶；關心社群媒體或網站的流行主題；關注初選的投票；聽 Podcast 的節目；關注時尚界流行的斗篷；芭蕾、關注 hashtag；只能喝公平貿易的咖啡；了解雲端儲存技術的發展；關注別人家的孩子；搞懂中國的經濟局勢；關注IG上的貓；追選秀節目《美國好聲音》；跟你父親的新太太培養感情；參加藝術祭……。

你是不是覺得渾身不對勁？緊張、反胃，焦慮起來，或是感到一肚子火？

很好很好，這代表你想像的方向是對的。

現在開始想像，一旦你幹捨離了這些事，會變得有多開心、多自在！

熱瑜伽？我才不在乎什麼下犬式！

雲端儲存技術？您存檔的在乎成本已不復存在。

必須關注IG上的貓？抱歉，你的在乎成本已歸零囉！喵～

這下子是不是感覺舒服多了？從你下定決心幹捨離，拿出「管他去死！」氣魄的那一刻起，同時也就開始迎向理想的生活。

記住這種感覺。下一章，我們準備進入不抱歉的清理法的第一個步驟：決定你要幹捨離哪些事項。

第2章

步驟一：決定要斷捨離的事項

在這一章，我們要來一起清點你內心的在乎事項，只可惜這些無形的事項跟襪子不一樣，無法用整理魔法扔到地上一口氣盤點清楚。

先別擔心，我可以提供你妙計。

我將會告訴你在乎事項可以區分成哪四大類，再陪著你逐一檢視。你將會從中得到樂趣，這比參加同事的卡拉OK生日趴好玩多了！（本章也會告訴你如何擺脫這種場合。）

我也會請你幫這四大類分別列出清單，幫助你認清哪些事項會惹你心煩，哪些事項則令你心動，搞定後就等於完成步驟一：決定要幹捨離的事項。

這個過程不但輕鬆簡單，甚至還會讓人上癮。我保證，一旦你選擇要幹捨離的事項愈多，就愈能拿出「管他去死！」的氣魄。

這種時候只有「痛快」兩字能形容！

你的內心是座亂七八糟的倉庫

光是下定決心幹捨離，就能讓你獲得解放。要是在不傷害他人感受，也不至於變成王八蛋的情況下實踐，就更加理想。

不過首先，你必須向內探求，也就是「認識自己」。

在步驟一的階段，要先清點你的內心，你才能將在乎事項分成「心煩組」和「心動組」並決定是否要幹捨離。

雖然你無法把在乎事項像襪子一樣全扔到地上，但你自己倒是可以坐到地上。等你準備好，請坐在地板上，最好是硬梆梆的木地板，不舒服會讓你更有動力跑完整個流程，然後想像你的內心是一間放滿雜物的小房間……不，想成一座堆滿廢物的大型倉庫好了，這樣會更適合。**倉庫裡擺放都是別人要求你投入在乎成本的事項，不管是不是你甘願付出，或真有必要在乎的，都要算進去。**

這座心之倉庫凌亂到慘不忍睹。接下來，你要整個人進入心之倉庫，看清楚哪些是好東西（你真心在乎的），哪些是廢物（你想幹捨離的）。你可能還會發現一些早已遺忘，但值得為它們留個位置的東西。你需要做的是辨識出所有會耗費自己時間、心力、金錢的事項，並一一進行評估，想清楚它們是否確實是你想要且需要的。

當你一口氣看到那些應別人要求而在乎的東西時，你可能會胃部緊縮、腸道翻攪、胸悶心悸、偏頭痛發作……就是要這樣沒錯！

親愛的，你就是要去經歷這種被壓得喘不過氣的崩潰感。

多數人都只是偶爾把頭探進去心之倉庫，卻從未真的走到那扇門後的垃圾山，更從來都沒有機會好好整理。你必須真的走進去，好好正視那堆垃圾，才有可能把它們清理乾淨。你就是必須體驗到那種崩潰，才能徹底看清自己在那些事項上所耗費的時間、心力、金錢——然後迫不及待地擺脫它們。

當你學會整理心之倉庫裡的事項後，你還要列張清單，揪出有哪些潛在事項正在消耗你的在乎成本。

一次做好做滿，你就能掌握解放自己人生的妙招！就算你的在乎事項會隨著時間改變，也都還是能比照辦理。比方說在佳節期間，你就不會再任由內心堆積雜物，因為你已經掌握了這些工具和思考原則，能夠防患未然，不讓那些廢物在你的心之倉庫占有一席之地。

我再強調一次：只要是你看得到的，**每一件事都必須列下來**，無論你本身在乎與否。你想要在乎也應該在乎的事項，可能暫時都被不想要的事項給蒙蔽了。比方說，其實你很關心妹妹過得幸不幸福，但並不想聽到她跟新男友到底有多「性福」。

心之倉庫裡頭可能亂得一蹋糊塗，在這個階段，你只需要先試著釐清現場的情況。

愛因斯坦說過：「如果我有一小時去處理一個棘手的問題，我會先花五十五分鐘好好釐清情況，最後的五分鐘再來思考怎麼解決。」相當明智，難怪諾貝爾獎會選中他。

先花一些時間探索你的心之倉庫，挖掘出有哪些會消耗在乎成本的事項，一件一件列在清單上。我敢打包票，關於如何控管在乎成本，並活出理想生活的答案，將會自行浮現。

相信我，或者至少要相信愛因斯坦。

分類你的在乎事項

為了方便你運用「不抱歉的清理法」，我將可能會付出在乎成本的事項分成四大類：

一，事物

二，工作

三，朋友、點頭之交以及陌生人

四，家人和親戚

這四類加總在一起，就構成了我們可以幹捨離的範圍。我將會逐步說明，每次帶著你檢視一個分類，讓整個過程能夠輕鬆一點。

強力推薦你遵循以下順序進行：第一關是「事物」，因為它們沒有生命，也無法開口跟你爭辯。第二關是「工作」，幾乎所有人都會抱怨工作，這有利於提升幹捨離的動力。一旦開始上手，你就可以進展到「朋友、點頭之交，以及陌生人」。最後才是「家人和親戚」，原因應該就不用多說了。

我可以想像，你有多期待執行「不抱歉的清理法」，巴不得現在馬上就叫你的親戚滾遠一點，別再擅自把你拉入他的政治議題群組。但我要提醒你，如果直接越級打怪，從「家人和親戚」開始幹捨離，你無疑是在自尋死路。

「家人和親戚」可是危險重重的地雷區啊！

要想對「家人和親戚」進行幹捨離，絕對是最棘手的任務。其中一個原因是談到家庭，大家的行為都會伴隨**義務感**，甚至會忽略相關人等的**感受**跟**看法**。也因此，我推薦把**義務感**也納入幹捨離的清單，先確認自己對義務有什麼樣的感受，才有辦法進一步處理「家人和親戚」一類的活動或紀念品。

請先按照第一到三關的順序練習，之後面對「家人和親戚」時，你才更容易做出區分。比方說，你跟過世的喬瑟芬姨婆感情好，不代表你就該留下她那條破爛的海狸皮毛圍巾，更不用去考慮其他親戚對這件事的**感受**和**看法**，關他們屁事？

準備好了嗎？讓我們開始踏上斷捨離之路。

事物

這個類別指的是無生命的物品和概念，有別於你周遭的人類，它們不具可憎的**感受**或**看法**。

對了，就算是人類，也是有可能會被放進「事物」類的，像我就把迷幻搖滾樂團列在這一類。樂團是由一群人所組成，要將他們列在第三類當中的「陌生人」似乎也說得通；不過我所謂的「陌生人」，必須是你親自碰過但沒什麼交情的人。比方說，假如你去度假時，遇到了一個糾纏不休的業務員，就很適合歸在第三類。他使出渾身解數，拼命向你推銷旅遊方案，你最後可能會這樣回絕：「嘿，我真的沒興趣，也沒有想要幫你衝業績！」如果你已經將分時度假放到「事物」類，那也就沒必要將業務員另外列在「陌生人」了。斷捨離清單上如果有項目重複也沒壞處，尤其在你以成為開悟者為目標時。

我在乎與不在乎的幾個例子

如果要列出我自己心之倉庫裡的「事物」類清單，以下是其中四個例子：

1. 規劃即將到來的假期
2. 擔心度假時天公會不作美
3. 川普成了共和黨裡支持度領先的總統候選人
4. 寫完這本書才能出發度假

如同你所知，只要清單上的項目令人心煩，就不該投入在乎成本。反過來說，如果令人心動，就應該付出在乎成本。

在研究清單時，我發現「規劃度假」和「寫這本書」都會帶來心動感；但「川普當總統」跟「氣象預報會下雨」則**不只讓我心煩，同時也是我無法掌控的事情**。因此，我只需要對「規劃度假」和「寫這本書」付出在乎成本，至於另外兩項，就好比是心之倉庫裡待清理的乾草和馬糞肥料，我只需要把這些廢物掃地出門就好（掃地出門是屬於步驟二的階段，時機到了我們會談。）

接下來，就輪到你探索自己的心之倉庫，列出在裡面看到的每一個項目。或許你有些喜好都跟我一樣，也或許恰恰相反。比方說，可能你就是對下雨天情有獨鍾，喜歡到甚至選擇住到西雅圖、蘇格蘭那些常下雨的鬼地方。我不打算假裝理解你的選擇，但也不會大肆批評，或許可能會覺得「有點怪怪的」，不過現在你應該很清楚：你根本不用管我怎麼想。

幹捨離的清單重點就在於：沒有人列出的項目會一模一樣。

你要自問：哪些事物會讓你不禁喜悅讚嘆？哪些事物會讓你內心揪成一團，好比聽到水槽裡的叉子掉進廚餘機的吱嘎聲？

它究竟是讓你心動？還是心煩？當時間一到，每一件都要寫得清楚清楚！

希望下面列出的十件事會帶給你靈感，它們曾經占據我的心之倉庫，帶來無止盡的心煩意亂。我後來就都不再把寶貴的在乎成本浪費在上面了。這些例子只是冰山一角，但應該足以幫助你抓到重點。

10件我已經幹捨離的事項

一、**在乎別人怎麼看待我：**記住，這個原則沒得商量，是不折不扣的禍源。

二、**擁有火辣身材：**打從我不再在乎自己穿泳衣是什麼模樣的那天開始，就像是有一群穿著碧昂絲般黑色緊身衣的小貓從天而降，歡快地跳著她暢銷單曲裡的舞蹈，就為了取悅我的蜜大腿跟小腹。太神奇了！

三、**看籃球賽：**我向來都不喜歡也不懂籃球，我不會看電視轉播，有人邀請我去球場觀賽時我也一律拒絕。我就是對籃球無感，我的日子也依然過得好好的。你可以把這個原則運用在任何運動或隊伍，別用在波士頓紅襪隊就好，他們可是我的愛隊！

四、**當個早起的晨型人：**我有大半輩子都活在羞愧之中，每天早上我就是一具行屍走肉，在中午前都不想安排任何活動。公司的晨會我都是最後一秒才滑壘趕上。晨型人在這個社會似乎比較受到重視，而我們這種沒辦法早起的夜貓子總會被看輕。幸好，自從我成為自由工作者後，就再也不用管什麼早起。

五、**小天后泰勒絲：**每當大家開口閉口「泰泰」長「泰泰」短的，我就立刻句點他們。

六、**冰島之旅：**我完全相信冰島的景色有多優美，但每次只要有人說他們正在規劃「一輩子一定要去一次的冰島之旅」、他們之前去冰島有多好玩，或是「多數冰島人都相信精靈真的存在耶」，我就會像在看籃球賽一樣大放空。

七、**微積分：**微積分大概是我這輩子最早幹捨離的項目。高中時我的輔導員堅持要我修這門課，還說這樣才有可能進得了好大學。我認真考慮了很久，最後確定自己對微積分毫無興趣，也不想花那個力氣。而我最後還是進了哈佛的大門，這樣的結果就是我最好的證明。

八、**虛偽的客套話：**大家應該都聽過「如果你沒什麼好話可講，那就閉上嘴」吧？我就是沒興趣勉強自己說些客套的好話。

九、**不同網站設不同密碼：**這是我近來幹捨離最成功的案例之一。以前我很擔心網路個資的安全性，後來我讀到幾篇專家寫的文章，據說只需要一個青少年駭客出馬，什麼個資都能輕鬆到手。這樣就算我只用一組密碼走天下，應該也沒差吧？同時我也意識到，我跟另一半在一起都已經十六年，他還是從來沒搞清楚我的信箱密碼是哪六個字母。從那一刻開始，我上各大服飾網站血拼時，都不再另外設定圖靈才解得開的密碼了。到目前為止，我的帳戶都安然無恙。

十、**使用 Google +：**我連試用都不想試，而且不覺得抱歉。（在我寫這本書的期間，連 Google 都已經放棄這個沒救了的自家產品。）

每個人想要幹捨離的事情不盡相同，你有可能崇尚自然不愛穿內衣褲，或是寫英文時不想管「and」前面到底要不要加逗號，也有可能你走路時就是懶得靠右邊。你想要放掉哪些事情都好。莎士比亞早在幾百年前交代過，「世界是你手中的牡蠣」（亦即世界盡在你掌握之中，The world is your oyster.），任你隨心所欲。

其他我幹捨離的例子

寫這本書列出我不在乎的項目清單時，就像是打開防洪閘門任它們傾瀉而出，還連帶發現自己對於被強迫推銷手工花生醬這件事非常有感。這種經驗令人振奮，對「不抱歉的清理法」的新手而言，參考前輩有哪些依然在乎的事項，可能也有幫助。你會看到我把所省下的時間、心力以及金錢，改放在這些對我有意義的事項上。

你還記得前面提過配置在乎預算的必要性嗎？以下就讓我的另一份清單來為你示範。

「管他去死！」的例子		**我真正在乎的其實是……**
伊朗的核武威脅	↓	氣候變遷
希臘優格	↓	鷹嘴豆泥醬
豪華露營風潮	↓	雷射除毛
龍蝦大餐	↓	再上一些魚子醬，謝謝！
教宗針對某議題的最新發言	↓	瑞絲·薇斯朋的IG動態
使用餐巾環以合乎餐桌禮儀	↓	使用杯墊
奧運戰況	↓	追完腥羶色影集《無恥之徒》第五季
閱讀《紐約客》雜誌	↓	只要不用看這本雜誌都好！

「管他去死！」的例子		我真正在乎的其實是……
為了上健身房而早起	↓	睡到自然醒
把臉書心理測驗結果分享到動態	↓	放空發呆
大學的美式足球賽戰況	↓	校園性侵案件解決了嗎？
聽一群媽媽大聊寶寶經	↓	找個藉口起身離開，再去倒杯紅酒

你可能認為我的清單上有些事項太過簡單或膚淺，**但它們反映出的是：我將自己的時間、精力和金錢，做出清晰且可量化的配置**。

舉個例子，我之前經常感受到該上健身房運動的壓力，更因為沒有好好實踐而罪惡感纏身。但是，透過下定決心對健身房幹捨離，我就此解脫！不再覺得很罪惡、很糟糕（外加很胖），每天早上還可以安心多睡一個小時。這樣一來，我不僅重新配置了時間，也保留了精力，如果把健身房的會員費算進來，我還避免了荷包失血。

光對健身房幹捨離，我就一舉三得！。

（不用再被逼著參與優格的話題，或是勉強自己吃優格，對我也是很大的解放。老實說，光是現在告訴你這件事，我就已經覺得舒坦多了。）

等你檢視完四大類幹捨離事項，你就會清楚辨識出讓自己心煩跟心動的項目。其他人可能會質疑你認為哪些事重要的優先順序……但是管他們去死！重點在於**你已經啟程踏上幹捨離之路，活出你的理想生活。**

我就是這樣過來的。

你想想，在你花時間讀到這一段時，我已經運用不抱歉的清理法步驟二搞定了好幾件事：不再勉強自己用餐巾環、不再硬逼自己讀《紐約客》雜誌，做了比基尼線的雷射除毛，也享用完美味的鷹嘴豆泥醬，在齒頰留香之餘放空休息。當下次的奧運到來，我也會對賽事轉播幹捨離，敬謝不敏。

先設立好目標是很重要的。舉個例子，為了突破跳遠好手鮑威爾（Mike Powell）在一九九一年東京比賽創下的世界紀錄，在某處總是會有人每天耗在沙坑練上十個小時，就只為了再多跳幾公厘或幾公分。他們能夠堅持下去，就是因為懷抱明確的目標，現在也輪到你清點心之倉庫裡的雜物，列出專屬於你的第一張清單了。

我在下一頁幫你準備好了欄位，方便你立刻動工，要是空間不夠，你就儘管再多寫幾張紙。不要拘謹，全都寫下來就對了！

第一類：事物

所有需要我付出在乎成本的項目

工作

在前一類的「事物」，你只需要放掉物品、概念或活動這些不具生命的項目即可，「工作」牽涉到的就比較複雜，但又不至於像面對「朋友、點頭之交，以及陌生人」或「家人和親戚」那樣緊繃。因此，「工作」也就順理成章地成為幹捨離的第二關，讓你施展改變人生的魔法。

如果你隨機問一些人在生活中最討厭什麼，答案通常不脫職場的領域，像是工作內容、上司、同事、資訊部門等等，相當廣泛。

幸好，**有許多可行的方法，能讓你減少在工作上付出的在乎成本**。無論你是想從不必要的會議脫身、避開沒意義的紙本流程，或是婉拒同事的派對邀約，都可以視情況運用。更重要的是，你不會因此丟掉飯碗，也依然可以獲得大家的尊重，甚至維持好人緣（不過，如果你還是在乎別人是否喜歡你，請留意本節後面的「想討人歡心的危險」）。我們也會在第三章有更進一步的探討。

如果一個人在工作上時常覺得綁手綁腳，最常見的原因有二：

一、害怕上司看你不順眼，畢竟他們能決定你能否繼續領薪水。
二、害怕同事不爽你，畢竟上班時間你都得跟他們打交道。

從表面上看來，這樣的擔憂無可厚非。但你是否曾靜下心好好想過以下兩件事？

一、只要你的工作表現稱職，老闆其實沒那麼容易炒你魷魚。
二、在內心深處，你其實根本不在乎某些同事對你的印象是好是壞。比方說，行銷部門的蓋兒發起了拯救北極熊的公益路跑，你才懶得理她！我有說中嗎？（待會我們再來探討遇到這種情形如何應對。）

務必記牢這點：你只需要在乎自己能掌控的事，對於無法控制的事，就不用理會。我們朝九晚五的職場就好比一個培養皿，無法自行選擇的人事物都會在裡頭像細菌一樣不斷滋生，超出我們能控制的範圍。

比方說，辦公大樓幾乎都長得差不多，整間公司鋪著工業風的地毯，會議室的裝潢乏善可陳，擺著毫無生命力可言的假盆栽。身處那樣死氣沉沉的氛圍，你當然可以選擇散發厭世負能量，但是你也可以選擇拿出「管他去死！」的態度，在走進公司時關掉「這鳥地方搞得我好鬱卒！」的哀怨模式，切換為灑脫的心態：「至少不用擔心會把咖啡灑到地上，這地毯本身就已經醜到沒救了。」

重點在於：你唯一能掌控的就只有把工作做到多好，以及為了這個目標，你願意投入多少時間和心力，讓心煩程度降到最低，開心程度升到最高。

將「不抱歉的清理法」運用在職場上，別再管工作上的心煩事（起碼別再那麼在乎），實踐方法不但簡單到你難以想像，效果也好到讓你不會因為不稱職或不服從上司而被開除。

為了幫助你調整到正確的心態，我們來看在一天的工作當中，你可能會在乎或不在乎的幾個例子。

開會

假如你還想要原本的工作，我並不是在建議你捨棄那些已經安排好的會議，尤其是當出席率會影響你的飯碗時，請別這麼做。假如你並不在乎是否能保住工作，那就請留意本章後面會聊到的終極幹捨離。

我的意思是：**有些會議其實你一開始根本就不必答應參加。**

比方說，假如你是在聖地牙哥的公司工作，有位芝加哥分公司的同事即將來訪。你家主管的特助為那位同事安排了會議，就為了讓他可以在各部門瞎晃，跟大家聊些千篇一律的破冰話題，再對公事發表一些毫無意義的模糊評論，而且會一開就至少半小時起跳。現在，特助問你：「我排了八場會議，你要參加哪一場？」

我給你的答案是：半場都免談！

你可以明白告訴特助：「開這種會，對我沒有實質的幫助。」然後就繼續專心埋頭工作。我知道你擔心會因此惹上麻煩，而且你想要討主管歡心的渴望，大於對會議的排斥。但只要你能力夠好，不出席真的沒差，如果你很清楚那半小時的會議很廢，你的上司也沒道理不知道。你該做的是下定決心，拿出「管他去死！」的氣魄，讓團隊裡其他同事去參加就好。你有很多同事都還沒覺醒，他們會自願蒙眼走上刑場，不見得非要你去不可。

（再給你一個更棒的妙招。如果你們辦公室有共用的線上行事曆，你直接先把每天都標記「忙碌」，就沒有人能安排跟你開會了。）

當然，也有些會議的確有必要性，這種時候你也只能親自下海。萬一你到了現場，發現大家都只是在漫無目的地閒聊，完全是在浪費生命，這時你一樣可以選擇幹捨離：保留自己的注意力，別再抄沒用的筆記。摸著良心想想，開會時記下的那些東西，有哪次是真的會派上用場的嗎？我們還是要實事求是比較好。

惱人的PPT

賈伯斯對開會也很有自己的見解，他對大家濫用PPT的現象就相當不以為然。在《賈伯斯傳》中，賈伯斯曾說：「只要你清楚自己要講的是什麼，就不會需要用PPT。」這真的非常中肯。去他的PPT！

一旦你下定決心拿出「**管他去死！**」的氣魄，不再參加每星期互相取暖用的銷售會議，也不再寫滿一整頁無意義的潦草字跡，省下的時間就可以用在有意義的事情上。例如：列出待採買的日常用品、規劃下一次的賞鳥之旅（那些珍奇鳥類可不會自己送上門來），或是創作一本傳說中的「偉大小說」！想想這些時間你可以完成多少自己真正在乎的事吧，假如你目前每星期浪費的時間是一到五個小時好了，**一整年下來，你就等於是浪費了五十二到兩百六十個小時！**

看到這個時數，我知道讓你會燃起鬥志的。

遠端會議

遠端會議基本上跟當面開的會議大同小異，只是改成遠端浪費你的生命，浪費的程度甚至更加驚人。遠端會議就是零生產力的極致示範：沒辦法完成半件事情，還糟蹋每一個與會者的時間。我都儘量避免參加遠端會議，但我拍胸脯保證：我依然受到別人的尊重，仍然維持生產力，大家也都願意聘請我。

這並非只是在嘩眾取寵——只要是我認為非必要的遠端會議，我一概不參加。自從我幹捨離了遠端會議，就等於每星期都賺到不受妨礙的三、四個小時，能專心把工作做好。**你絕對可以斷捨離遠端會議，反正開這種會不會有任何具體成效**。這就是遠端會議的本質以及矛盾之處。要是有人一直想要你喬時間開會，你可以搞得很複雜，他們沒多久就會知難而退。事實上，比起參加遠端會議，我更討厭為了遠端會議喬時間。

如果你擔心自己會因此成了差勁的同事或員工，不妨問問自己：「我不出席這場遠端會議，會對其他人造成影響嗎？」答案當然是「會」，但重點在於：其實你帶來的是正面的影響。當你溫和地引導別人脫離遠端會議，你就是在幫助每一個人告別這種榨乾時間、心力以及靈魂的無聊活動，讓大家能夠擁有更高的「在乎額度」！

想討人歡心的危險

「受人喜愛」跟「受人尊敬」不見得能畫上等號。舉個例子，想保住你的工作，單單受人喜歡是不夠的，遠比只有受人尊敬（但不討喜）來得困難。我曾經喜歡過不少能力很差的遜咖，但如果我是老闆，並不會想要雇用他們。

比起成為值得尊敬的人，如果你更在乎自己是否受人喜愛，就會被捲入「想討人歡心的危險」之中，自討苦吃。這是為什麼呢？因為別人喜不喜歡你，你是無法控制的。也許你講話很有趣，但你的幽默感就是無法引起別人共鳴，所以他們不覺得你討喜；也許你待人親切，但別人可能會認定你是怪咖，而對你沒好感；也許你相當溫和有禮，但剛好會讓人家想起他們的前任，所以人家就是看你不順眼。

你所能控制的，只有自己是否值得受到尊敬，而這必須靠你專注在工作上的優異表現達成。當然，別人可能不一定會尊敬你，畢竟他們也有自己的在乎預算；但只要你把工作做得夠好，至少你會知道自己值得尊敬。

要有良好的工作表現，意味著你需要更專注在搞定各種鳥事，少把注意力別人是否喜歡自己。如此一來，你就從得以從「想討人歡心的危險」中脫身，剩下來的時間，你還可以好好放個假。

服儀規定

「上班時該穿什麼」不見得會出現在每個人的在乎清單，要看工作性質而定。如果你跟我一樣是自由工作者，就不需要花心思搞定上班的行頭。不過，如果你是在知名基金或律師事務所，可能就得乖乖穿上正式套裝，這也代表你會有很多服儀規定要遵守，但你還是能在口袋擺個喜歡的手帕讓自己開心一下。如果你的工作必須穿制服，不妨直接跳過這一節；而如果你是在藝廊之類的地方工作，那就恭喜你能夠隨心所欲。但如果你的公司號稱可以讓員工穿便服，卻又在員工手冊納入服儀規定，那就認真閱讀以下內容吧。

我的前公司就規定了所謂的「炎夏時節每週五的合宜儀容」，非常鉅細靡遺：禁穿拖鞋和涼鞋，男生禁穿短褲，女生不可穿著熱褲、坦克背心等「沙灘打扮」……以及其他明文禁止的風格，細節多到我已經懶得去記。每一年執行長都會發布公告，定期譴責露出腳趾的行為，頻率穩定到我們可以依據她的公告安排行事曆。或許她是希望同仁保持專業形象，也或許她其實是光腳丫恐懼症的患者，但不管原因為何，我最後都下定決心要拿出「管他去死！」的氣魄來對抗這項規定。

讓我解釋給你聽：在悶熱的夏季，我每天都得花四十五分鐘通勤，在公司待上至少八個小時，晚上通常還得出席工作相關聚會，最後再搭四十五分鐘車回家。這樣日復一日，卻連自己想穿什麼的自由都被剝奪，真的讓我很氣（而且不是我要自誇，我的腳真的很美。）在每一年最汗流浹背的那幾個月，我得把二十五號的大腳奮力塞進窄小的平底鞋，每天忍耐長達十二個小時，這讓我的雙腳常摩擦到起水泡，腫得像水波蛋那麼誇張。

二〇一四年的夏天是轉捩點。某天出門前，我凝視著鞋櫃裡那些漂亮的涼鞋，眼神流露出渴望，深深覺得它們跟我身上的七分褲真的很搭。我在心裡罵了聲「管他去死！」後，就決定穿上涼鞋去上班。

我的腳已經在公司累積了八年的怨氣，每一年的五到九月，我可憐的雙腳都得貼著OK

蹦才能上工，這到底是為了什麼？就只是因為我傻傻遵守該死的服儀規定！這讓我光想都覺得氣。

回到那一天，當我穿涼鞋到公司後，你猜猜發生了什麼事？答案是：一點事都沒有！我後來整個夏天都穿涼鞋上班，但完全沒有被半個人唸過。我甚至還在搭電梯時遇到執行長好幾次，她也都一臉淡定。

我要再次強調：只要把工作做得夠好，公司是很難叫你走人的。雖然你還是必須遵守某些事，才能把工作做好，但公司規定的事項裡，一定至少有五件你其實可以置之不理。只要你對它們幹捨離，每天的生活就會變成彩色，服儀規定正是其中一例。

無意義的紙本流程

不管你是律師、銀行人員、秘書還是零售業經理，各行各業的人都需要練習擺脫無意義的紙本流程。這些作業只是為整個社會徒增困擾，**你應該要以身作則幹捨離！**

你聽過「破窗理論」嗎？根據破窗理論，只要有一個小小的不良行為受到縱容，例如亂丟垃圾或破壞公物，整個環境很快都會遭受到更大規模的破壞。

對付紙本流程，就應該拿出這招。

我們必須對這類鳥事防患未然，你愈是默許這些沒用的紙本流程，就會滋生出愈多沒用的紙本流程，就像某種牛頓的定律一樣。

當然，還是有些無法避免的紙本流程，例如自由接案者要是不繳交報稅表單，就無法收到客戶的款項。但我指的是從來都不會真的有人看的那種報告（而且大家也都心知肚明），不但要花時間填，還要再花心思歸檔，接下來就只是擺到地老天荒，沒用至極。要是等到末日審判，連上帝都會認為這些紙本毫無意義！理想的情況下，這類表單應該要由各同事或各部門輪流填寫，但它們總會莫名消失，永遠抵達不了應該去的歸宿，導致你必須重填N次。你想想看，雖然這些表單都會固定失蹤，但公司從來也沒有因此倒閉不是嗎？所以我們可以合理推論：這些紙本流程對公司營運根本沒有必要，也代表你可以不需要為它困擾！

每個人的職涯中都會遇上這類表單，我建議你以後都別填，看看會有什麼後果？可能壓根沒半點影響。

拯救北極熊的公益路跑

你是否遇過為了私人的公益活動，認為騷擾大家天經地義的同事呢？我就遇過這種人。對我來說，唯一合理的慈善募款就是販售女童軍餅乾，而且除了花生醬跟焦糖椰子之外，其他口味完全不用考慮。

我們就拿前面提過的行銷部門蓋兒當例子。假設她要邀請大家參與她支持的慈善路跑，活動募得的款項將會捐作公益，但你根本對這個主題沒興趣。比方說，她是想要拯救北極熊，而你才不在乎什麼北極熊，你只擔心要是不參與她的「為北極熊而跑」，同事會覺得你很掃興，而且日後在茶水間巧遇蓋兒時，她寧可立刻轉身走人，也不會想跟你這個不關心北極熊的人待在同一個空間。

現在請捫心自問：我真的在意蓋兒（或其他人）對我不挺她的公益活動會怎麼想嗎？這些看法對我來說重要嗎？

如果答案是否定的（如果你認真想踏上幹捨離之路，答案應該是「不」），接下請再問問自己：我真的在乎什麼北極熊跟公益路跑嗎？

如果你的答案一樣是「不」，恭喜！你已經在「工作」類的幹捨離清單跨出一大步。

在第三章中我們會談到下個步驟，也就是如何不失禮地拒絕參加，以免傷害蓋兒的感受。這樣全程下來，你**停止在乎蓋兒的看法**，也**決定不予理會**她的募款活動，接著就是**確實幹捨離**。

但再次提醒，我並不是在叫你從身心不堪負荷的爛好人，搖身一變成為差勁到保不住飯碗的王八蛋，或是辦公室邊緣人。

但我認真建議你停止在乎同事的看法。雖然我不認識你的同事，但我相信，你其實可以不用太在意他們如何看待你那些跟公是無關的決定。

舉另一個例子，假設你另一個同事提姆要舉辦卡拉OK生日趴，你其實並不想參加，但是又因為人情壓力而左右為難——即使去了就得犧牲睡眠、當分母還只能喝到跟水一樣的調酒，搞不好還會開始瞧不起自己。這時你能怎麼辦？我沒有要你在收到邀請時，直接當著他的面笑掉大牙，或是傳給他《熊麻吉》在派對帽裡拉屎的動圖，我只是要你禮貌地婉拒，體驗到說「不」並不會讓天塌下來。這樣一來，你不僅省下一份在乎成本，還能擁有屬於自己的美好夜晚。

關於個人名聲

我跟不少人聊過「工作」類的幹捨離話題，發現多數人其實並不是在乎自己是否會傷害別人的感受，**而是擔心會損害自己的名譽**。這正是為什麼「不抱歉的清理法」極度強調要避免傷害別人的感受，也要避免當個王八蛋，因為這兩者都會有損你身為員工、同事或是上司的名譽。

想要成功運用「不抱歉的清理法」，訣竅就在於提前準備，即早上手。你必須先瀏覽心之倉庫、列出清單，釐清自己的在乎成本，以免在事發當下才傷害到別人的感受。

比方說，如果你對公司的年度野餐沒興趣，就別參加！公司無法因此開除你，你也可以省下那幾個小時來追劇，或是陪陪心愛的人（好啦，可能那幾個小時根本全都拿來追劇）。只要不去參加，你就不需要先跟朋友套好招，要求他在野餐那天打來好讓你假裝有事閃人。你需要做的就是說聲不好意思，即時婉拒。老實說，也沒有人真心在乎你去不去。

套用歐巴馬的口頭禪，「讓我來說清楚」。在工作上，無論是身為上班族或自由接案者，有件事我一直都很關心，未來也會永遠在意，那就是「專業名聲」。預先分配好時間和心力、鍛鍊專注力和生產力、全程贏得他人的敬重，這些都是維持好名聲的要素，也是我在乎清單中排行前幾名的事項。

那萬一我在他人眼中背負著「不參加遠端會議的機歪人」的臭名呢？這個嘛，就算有人不爽到要在廁所牆上公開我的稱號和手機號碼，我照樣會說「管他去死！」（而且我會過濾來電）。

幹捨離清單是有意義的紙本流程

我說過，列清單的理想狀態是要在硬地板坐下來，想像你自己在心之倉庫裡仔細巡覽，一邊感受身體從屁股到腳逐漸麻木，一邊體驗那種崩潰感。不過，這個原則在「工作」類可以破例，要是你在開會時浮現了列清單的靈感，就直接開寫吧！會議退散！

「工作」還可以分成不同子類別，比方說主管、同事、職場政治、會議、工作備忘錄……等等，其中的「同事」也可以再進一步細分，例如感受、生日、寵物生病……等等。

想像你的心之倉庫裡排放著一組凹陷的檔案櫃。把所有抽屜撬開，一一列出消耗你在乎成本的項目，一個都不要放過。

列完之後（全寫完才算數！），你就可以進到下一關，前往第三類的「朋友、點頭之交，以及陌生人」。

補充說明：困難度

在乎事項的類別就跟颶風分級一樣，數字愈大，危險程度愈高。我對你抵擋衝擊的能力有信心，不過，如果你對於前往第三關忐忑不安，你只要記住我們討論的主題極為實用，可以讓你解脫。

如果你也曾經坐在沙發上，盤算要用什麼藉口臨時缺席朋友的讀詩擂臺賽，那你應該會萬分期待第三關。要你一開始就說「不」，難免會讓你覺得不太自在。可是別忘了說「好」後的那些折磨，要你去聽參賽者用《伊里亞德》唱饒舌，甚至混搭兒童節目的主題曲當伴奏，也會讓你的耳朵很痛苦。你還必須忍受隨時要爆掉的膀胱，畢竟你得連灌四杯熱白酒才撐得下去。

第二類：工作

所有需要我付出在乎成本的項目

朋友、點頭之交，以及陌生人

我們當然愛自己的朋友，否則也不會跟他們當朋友；但只要是人跟人之間的相處，就很難不複雜，有時候連朋友也會讓我們反感。我就常惹朋友不開心，像聚會時我只要一喝茫，就會拿東西擺在頭上，逼朋友幫我拍照。這種行為確實滿討厭的，但話說回來，他們也可以選擇在我乾完第五杯之前就先閃人，不是嗎？總之，在幹捨離之前先制定好內在策略很重要，可以避免你和朋友因為衝突導致關係過度緊繃——甚至毀掉彼此的友情。

我要在這裡強調的重點是，在**你自己的**心之倉庫裡，其實有很多在乎事項都是來自**其他人**。有些東西只是暫放，有些則是擱在角落長年積灰塵。我們該問的是：這些東西一開始到底是怎麼混進去的？

沒錯，放它們進去的元凶正是你自己。

設立界線的重要性

如果想避免朋友、點頭之交或是陌生人惹你心煩，你就需要在心之倉庫周圍設好界線。

有時這些界線並不需要太明顯，就像有些主人會安裝帶電圍欄來防止寵物脫逃，但從外觀看不出來。來一道狀況題，假如你有一對夫妻朋友養了一條大狗，每次你去他們家玩時，那條狂滴口水的狗會不斷試圖舔你的「該邊」，讓你開始懷疑自己的褲檔是不是藏了一大包飼料。舔邊狗的存在讓你很不想去朋友家，你不喜歡牠，又怕朋友聽了實話會受傷。想維持禮貌的你怎麼辦呢？這時你其實可以默默地設下私人界線，改成邀請朋友來你家，或是提議在其他合適地點相聚，這樣一來，你就可以保護自己免於那條狗的騷擾。如果這對夫妻朋友是選擇在家裡舉辦多人聚會，無法換地點，那一天你也可以「剛好肚子不舒服」，為了守護彼此的友誼，偶爾找個小藉口又何妨？

有些時候，你的界線則需要明顯到一目瞭然，就跟「禁止跨越」告示或監獄外圍的粗大電纜一樣。

舉個例子，我在研發「不抱歉的清理法」的初期，就曾經遇過一個難題。我對酒吧益智問答賽沒什麼興趣，但我有一群朋友愛死了這種遊戲，而且還很愛去威廉斯堡的酒吧！（有些讀者可能不知道，位於布魯克林區的威廉斯堡是一個很可怕的嬉皮區，住了一堆留著小鬍子的人，路上丟滿啤酒空罐。）他們約過我好幾次，我都是隨便找藉口推掉，所以我還得刻意記住自己用了什麼理由，以免他們在酒吧看到我的臉書動態寫著「睡大頭覺」。

不過，我開始身體力行「不抱歉的清理法」後，就不用再絞盡腦汁想些爛理由，也不必再監控自己的社群媒體以免露餡。他們邀請我時，我選擇實話實說，「坦白說，我真的不喜歡參加酒吧益智問答賽，也沒有那麼愛威廉斯堡，所以我可能就都不會參加。我覺得先講清楚比較好，這樣你們不用一直花時間揪我，我也不用一直說不好意思。」

我一次設好清楚可見的柵欄後，就此一勞永逸。

你擔心朋友聽了禮貌的實話後會生氣嗎？這就是你多慮了。「不抱歉的清理法」的優點就在於你完全不必擔心，因為你是先顧及每個人（包括你自己）的感受和想法，接著才付諸行動。

以我的例子而言，我的朋友知道了實情，我也獲得了解放。我坦率以對，又不失禮貌，沒有人因此受傷，我也不必道歉。就如同「不抱歉的清理法」字面上的含義，我不需要有一絲一毫的歉意。

另外，我還擁有了最大的收穫，那就是永遠擺脫威廉斯堡的酒吧益智問答賽！

＊＊＊

舔邊狗跟酒吧益智問答賽這兩種情況還算好處理，我們現在才剛開始熱身而已。在第三關，還有很多更複雜的狀況。因此，除了「朋友」之外，我也一併把「點頭之交」跟「陌生人」納入。這樣一來，如果你不敢拒絕出席朋友的「離婚派對」，或是被迫聽朋友為了一點小傷大驚小怪（親愛的蘇珊，只不過是腳踝扭傷，不是腿斷了！）你就可以先拿不熟的人來練習，例如長舌的鄰居，或是家裡附近惹人厭的店員。等到你愈來愈上手，就可以開始「把不抱歉的清理法」用在比較親近的朋友。

這也帶到我下一個要談的情況……

沒完沒了的懇求、捐獻、借錢！

我們在「工作」類的幹捨離項目稍微聊過這個主題，當時是以同事（行銷部門的蓋兒）為例。不過，其實朋友之間更容易出現要求你掏錢的情況，名義各異。有人要你捐助某個活動，有人要你贊助他們最愛的專案——甚至有人會直接找你周轉現金。你一定對這種情況不陌生：一下子是要為了朋友力挺的當紅候選人，捐出一百美元當作競選基金；一下子是要貢獻五十美元給某個自行車義騎活動，以正視家貓的肥胖問題；一下子是要為了製作出「極致完美的卡祖笛」，而在群眾募資平臺上贊助二十五美元。

你當然也可以把 Kickstarter、Indiegogo 這類性質相近的募資平臺，直接全都加入「事物」類清單；但這類想索取現金跟認可的赤裸裸請託，源頭永遠都是來自他人。他們可能是你真正親近的朋友、社群媒體上的熟人，也可能是跟你有共同好友的陌生人，而你那腦波弱的朋友出於莫名的罪惡感，就把募款資訊轉發給你跟其他上百個毫無設防的倒楣鬼。這類狀況還挺狡猾棘手，可能會牽涉到其他三類人事物。

我的意思絕非這些請求有失正當性，他們通常都是出於真誠的好意，問題是總有源源不絕的事件、公益活動、發明，都值得你掏腰包跟付出在乎成本，我自己也掏了好幾次的錢。**我敢大膽推測，你的在乎預算其實承擔不起每一次都說「好」的成本**。

親愛的讀者，無論你是我的朋友、點頭之交，或只是個素昧平生的陌生人，這正是你需要這本書的原因！

網路帶來很多厲害的創新發明，例如約砲神器 Tinder 或是線上麻將，卻也導致很多人透過電子郵件、社群媒體和群眾募資網站，進行類似乞討的行為。**這些管道讓他們當伸手牌**

要錢很方便，也不用擔心面對面可能會有的不愉快。這樣比喻好了，假如我從電子郵件或臉書收過的捐款請求，都改成像古早一樣，必須帶上文件夾和募款箱親自登門拜訪，我保證這些人至少有一半都會消失。他們不會再想發動什麼義騎活動來拯救肥胖的貓咪，或是有興趣去管什麼「極致完美的卡祖笛」。

有一年，我收到了各種五花八門的「急需捐款支持」資訊，包括治療愛滋病、糖尿病、心臟病；支持計劃生育協會；贊助一個 Podcast 頻道、兩部獨立電影、三張音樂專輯；消滅四種癌症；資助注定失敗的新創產品，它們以各種方式出現在我的塗鴉牆跟電子信箱。**有些來自我的朋友，有些來自朋友的朋友，還有些是來自完全不認識的陌生人。**

在踏上開悟之路以前，我付出無數寶貴的時間去煩惱該不該理會這些資訊。我該全都捐，還是全都不捐？而我也的確付出了不計其數的金額。重點是，我不只花費時間和金錢，還消耗了很多心力擔憂。他會發現我沒有捐嗎？別人會怎麼看我？萬一哪天我們狹路相逢，而對方當場提起這個話題，我是不是只能像被抓包一樣夾著尾巴逃跑？

這些無止盡又無意義的煩惱都已經成為過去式了！

如今，身為「不抱歉的清理法」的高手，收到募款宣傳時，我可以三兩下就決定是否要付出在乎成本，判斷這件事是否會影響別人，再根據我的選擇誠實而禮貌地付諸行動。我所省下的時間、心力和金錢，就拿來運用在其他事情。我可以輕鬆地把心之倉庫上鎖，只在裡頭還有空間外加我心情好的時候，才允許自己把其他人的在乎事項放進去，視情況為他們保存一個晚上、幾個星期，甚至是一輩子。

不抱歉的清理法不僅能夠輕鬆上手，更能就此改變你人生。

接下來，**讓我們先從「陌生人」和「點頭之交」開始，再進到「朋友」，循序漸進地模擬該如何應對這些需要幫助的對象**。

某天，你收到很不熟的人寄來一封信，他幾乎是副本給整個通訊錄，要求你「貢獻一己之力」，捐款給他夏令營老朋友的募資活動，而資助目標是要……嗯……製作狗用墨鏡。

我們一起回顧目前學到的東西。首先你已經確認，這個在乎預算表上的分項帳目雖然會影響其他人，但只是間接影響。你並不會從那個野心勃勃的創業家身上奪走任何東西（而且你們完全不認識），你只是沒有為他挹注更多的資金而已。

其次，這封請求信的寄件人跟你僅止於點頭之交，在短時間內，你大概不需要當著對方的面替自己辯解，也不用解釋對於給狗戴墨鏡的必要性，你其實抱持著跟他**不同的意見**。

最後，只要處理得宜，**你並不會傷害到別人的感受**。你總不可能選擇回覆給所有人，在信裡嘲諷「狗用墨鏡是繼嬰兒假髮以來，我聽過最蠢的商品！」你並不需要為這種事變成沒禮貌的王八蛋。好的，回到正題。說到底，你真的在乎所謂的狗用墨鏡嗎？

如果你不在乎，那怎麼還不刪掉那封信？你是不是腦波太弱？（抱歉，一不小心就說出事實了。）

剛才的例子還只是來自隨便一個朋友的朋友，如果現在換成是你的閨密，要你捐錢贊助對她而言很重要的事呢？

這種時候就需要你傾盡全力，運用所有的工具，跟電影《小子難纏》的經典臺詞「上蠟、除蠟、漆籬笆」一樣堅持下去！

第一個問題：你朋友的專案對你而言也很重要嗎？有帶給你**心動**的感覺嗎？如果有，而且你的在乎成本跟實際上的金錢預算都負擔得起，那就儘管去做。

如果答案是不，就問問自己有沒有辦法誠實以對，禮貌婉拒，並且不會讓朋友覺得受傷？這就要看你朋友的個性了，可能不難，也可能沒那麼簡單。

在朋友的郵件攻勢過後，如果你們之後永遠都不會聊到這件事，你大可安心幹捨離，不要說「好」，不要把自己的錢投注在朋友的募資專案。

但萬一你跟朋友在派對上碰面時，她可能會提起這件事呢？「天哪！你有看到我的募資專案已經達成七十趴了嗎？真不敢相信！」這種情況下，你應該要一邊敷衍「太好了！我真是替妳感到開心！」一邊在心裡想著「我才不會承認自己沒有贊助，除非妳親自問我！」

這時你需要的是「打太極」，有人迎面而來要攻擊你時，基本上的還擊準則就是以柔克剛，而非硬碰硬。如此一來，你吸收了對手的力量，借力使力，對手等於是被自身的力道逼退。**也就是說，你可以委婉回應她的迂迴試探，同時以退為進，神不知鬼不覺地贏得這場戰鬥，她甚至不會意識到你曾經抵抗過。**

萬一你朋友是無法打太極敷衍過去的人，難度就會提高，但也不是完全做不到。這時，你需要做的就是依自己的在乎預算行動，分辨**看法**跟**感受**的差異，想出如何誠實有禮地回應朋友，好讓她知道你由衷為她開心，同時也希望她體諒你真的沒有多餘的財力去支援別人的希望和夢想。

這樣不就搞定了嗎？

你還在煩惱什麼呢？還是，其實你覺得這麼做不會有效呢？你可能認為這確實能省下實際的金錢，但並不相信自己能夠不用再為朋友的看法煩惱，或是擔心她會覺得受傷。

我也是過來人。正因如此，我還有其他妙計可以傳授給你……

個人原則

祭出「個人原則」是很棒的一招，可以幫你迅速且有效率地省下在乎成本，也幾乎不會讓人覺得受傷。不過，萬一你朋友是屬於很玻璃心的那型，那她需要的可能是心理諮商。

運用個人原則的方法如下：

如果我不在乎某件事，但這件事處在模糊的灰色地帶，也就是不管我再怎麼誠實跟禮貌，都還是有可能會讓人覺得受傷，這時我會直接宣布自己有「個人原則」。

我來為你示範一下，「我的個人原則就是不贊助任何募資平臺的專案。因為如果我贊助其中一個，我就會覺得自己應該要贊助全部，這樣會超出我的能力範圍。更何況，只選其中一個也不妥，畢竟我不希望其他我也在乎的人誤會我偏心。」

這樣是不是很棒？

對於所有種類的公益募款、募資，甚至是需要白花花鈔票的現金周轉，全都可以歸在這類在乎事項，因為它們通常都是透過用同樣的方式找上門，來自同樣的人，當然就能運用同樣的個人原則。

來，自己親口練習說一次，記得要帶著感情。

「我的個人原則是不＿＿＿＿，因為如果我＿＿＿＿其中一個，我就會覺得自己應該要＿＿＿＿全部，這樣會超出我的能力範圍。更何況，只選其中一個也不妥，畢竟我不希望其他我也在乎的人誤會我偏心。」

現在，想像一下你自己聽到別人說出這段話。一開始難免會不爽，但你有辦法多說什麼來跟對方爭論嗎？答案是無法。至少，如果硬要爭論，你看起來就會像是個不講理的王八蛋（這下子懂我的用意了吧？）而且，你應該也不至於覺得對方拒絕是故意針對你，畢竟這只是他的個人原則。每個人都有自己的看法。要對他人的原則提出異議，並不是一件容易的事，身為文明人，我們難免都受到社會文化的制約，習慣遵守所謂的「規定」和「原則」。

就跟你說了吧，我對這種事可是在行得很。

適合祭出個人原則拒絕的例子

參加再婚的婚禮派對或告別單身派對

就是不想再去一次。

免費提供專業意見

我花了幾十萬的學貸才唸完大學，又花了八年的時間成本攻讀研究所，才累積了現在的專業，你覺得我看起來像是會免費提供服務的笨蛋嗎？

參加早餐聚會

用來拒絕以下兩種人很方便：一是不喝酒的無趣人，而是需要邊吃邊處理小孩的家長。

去當天來回車程會超過四小時的地方

你就全都推給「我的背不好」。

參加卡拉OK趴

你會驚訝地發現，「我不唱卡拉ＯＫ」這項個人原則可以解救你的次數，以及可以讓你逃離的情況實在多得嚇人。

參加「每人自備一道菜」的晚餐聚會

說真的，辦這種活動的人腦袋裡到底在想什麼？

受邀觀賞朋友拍的紀錄片

大家如果有朋友是拍電影的，十有八九都是在拍紀錄片，我沒騙你。

捧場朋友的讀詩擂臺賽

只要你一開始就不答應會去，就不用到最後一刻才煩惱怎麼取消，準備好照我的建議說「不」了嗎？

言行一致的「不」

我來示範一下如何運用個人原則。

假如有個好友邀請我跟他一起出席藝廊的開幕典禮，還要留下來參加藝術家的Q&A時間，而我對這種事很排斥，光想到要去就讓我焦慮到想用從起司塊拔下的牙籤割腕。但這個好友不只是個藝術迷，個性還很敏感，直說的話會有讓他覺得受傷的風險，所以我乾脆告訴他，我的個人原則就是「不出席藝廊的開幕典禮」。

為了加強效果，我可能還會低垂著頭，身體微微顫抖地向他私下透露，自己上次出席藝廊的開幕典禮時，感染了不可告人的隱疾……一切就大功告成，沒有人會想進一步討論你的隱疾的。

就我的經驗，只要你祭出個人原則（特別是當你表現得煞有介事），人們通常就不會咄咄逼人。如果只是表示「我不喜歡參加藝廊的開幕典禮」，這代表的是我的**看法**。雖然這個看法並非不合理，我也可以信心滿滿地堅持自己的意見，但對其他人而言，聽到**看法**時，就是會比聽到**個人原則**還想反駁。這樣一來，你可能就得繼續耗費寶貴的時間和心力：

窮追猛打的朋友：「你不喜歡參加藝廊的開幕典禮?!怎麼會?!」

我：「就覺得滿無聊的，而且我站太久腳會痛。」

窮追猛打的朋友：「不會啦！藝廊有漂亮的鹵素燈光，你可以跟作品好好交流！」

而且，別忘了，我們還要顧及朋友的感受，避免踩到地雷。

我：「是沒錯，可是藝廊裡面的空氣好悶，那些搞藝術的人感覺都沒在用香水的。」

窮追猛打的朋友：「你說這種話到底什麼意思？是在說我有體臭嗎？這樣會不會太過分了？你大不了就說你不去啊！」

我：「我說了啊，是你自己先跟我吵的耶。你還記得我們原本在講什麼吧？」

遇到這種情況，直接祭出個人原則絕對是唯一正解。個人原則聽起來很神祕，也很容易讓其他人感到不太自在，也就不會想繼續跟你聊下去，就像嘻哈歌手肯爺一樣。

制定個人原則還有一個更大的好處：因為這是你自己的原則，所以你可以隨時修改內容，而且沒人可以跟你爭辯，因為他們會害怕傷到你的感受。

這可是符合真正忍術的內涵，忍者老師會以我們為傲的！

大家避而不談的小孩話題

到目前為止，我們的進展很不賴，一起做了扎實的視覺化練習，想像在心之倉庫裡瀏覽；區分了**感受**和**看法**是不同的；練習了別再在乎別人的看法；檢視了在乎預算表；認識了個人原則的關鍵重點（這部分是我個人的最愛）。我彷彿可以感應到，改變人生的整理魔法已經開始在你身上運作了。

也因此，是時候要來一記強化你練習的變化球了。

幹捨離有時並非易事，不抱歉的清理法是很單純沒錯，但也並不是每次執行起來都很容易。這正是為什麼我們會需要列清單、模擬各種情境，並熟悉相關的概念，這都是為了幫助你打好基礎，等你面對真正棘手的對象時，就還是能防守得住。

比方說，當你想要幹捨離的項目是**小孩**的時候。

無論是你身邊的朋友、點頭之交或是陌生人，相信很多人都已經當了爸媽。

請注意，我這邊所指的小孩，不是你兄弟姊妹的小孩，不是你親戚的小孩，更不是你的小孩，當然也不是你的孫子。以上都歸在第四類的「家人和親戚」，屬於家務事的範圍。這一節要談的小孩跟你沒有親戚關係，你對他們的事不感興趣也很合理。

如果你本身沒有小孩，要承認自己對小孩的話題毫無興趣，難免會讓你心驚膽戰。那些已經當爸媽的人，通常都對自己的孩子很有感情，發自內心疼愛他們，有時甚至到盲目的程度。因此，假如你打算幹捨離的是朋友家孩子的生日派對，你很難預測朋友是會覺得受傷，還是能夠接受你跟他們看法分歧，願意放你一馬。

儘管如此，你想要幹捨離的決心並未動搖。你真的不想再在星期天早上九點就得離開被窩，只是為了去看一歲大的小鬼把蛋糕亂抹到臉上。當然，你可能還是會對實際付諸行動感到忐忑，這是人之常情。

這就是我在這裡協助你的目的。

你應該多少已經察覺了，對於小孩子有多麼「可愛」，我完全免疫。不過，根據我長期的經驗談，加上當爸媽的人在幾杯黃湯下肚後，很容易就對沒小孩的朋友傾吐自覺羞恥的小秘密，我可以明白告訴你，**就算是已經為人父母的人，他們其實也常對別人家小孩的話題毫無興趣。**

在這一節，我會以三個媽媽的心聲來說明，先分享一號媽媽的回應：「這就類似漏斗效應的原理，我所有的在乎成本，就只會集中傾注在自己的孩子身上，沒有剩下的可以分給你，當然也懶得聽你大談自己的寶寶經。」

為了確保在這本書裡，每個人都可以找到適合自己的人生整理魔法，**我跟全美各地為人父母的人討論過，找出他們不在乎的事，還有背後的原因。**

他們的答案極具啟發性，待會我就會跟你分享。

有件事需要先說清楚，那些爸媽在承認自己對小孩尿尿、奶嘴等主題不感興趣時，雖然簡直就像吃了瀉藥般一發不可收拾；不過，他們當中也有很多人特別補充，養小孩是一件值回票價的事，也很值得付出在乎成本。

這正是重點所在：**你只需要在乎讓自己開心的事就好**，不管是看喜歡的書、親自下廚、跟縮小版的你一起玩……，**而對其他的事，你都可以放心拿出「管他去死！」的氣魄**。

二號媽媽的回應則是從教導小孩取捨在乎事項的觀點出發，「我從小是在懷抱內疚感中的家庭長大。我不想讓孩子重蹈我的覆轍。重點是要讓孩子知道：他們絕對可以自己決定要在乎什麼、不在乎什麼，不需要依靠別人的認可，或是讓其他覺得比他們懂得更多的人，來幫他們決定怎麼過自己的人生。」

沒錯，就是這個精神！

最實用的評論或許是來自三號媽媽。她說有小孩後，其實有助於家長學習怎麼將生活中**其他領域的事項**排好優先順序。以職場為例，為了家中這個新生命的健康快樂著想，有時爸媽會開始選擇不再加班、承擔額外的責任、參加公司的球賽、代表部門或公司放軟身段跟人家談判……等等。讓爸媽對公司的上司和屬下都能設立明確的界線，也對自己負擔得了的能力範圍誠實以對，並保持堅定的立場。

換句話說，家中的小寶貝可以幫助你實踐「不抱歉的清理法」的步驟一，決定要幹捨離「工作」類的哪些事項，萬歲！

廢話不多說，接下來我就來公布，大家對哪些別人家小孩的話題其實不感興趣。

連其他爸媽也沒興趣聽的五四三

你家孩子的生產方式

打算自然生產嗎？加油啊，多用點勁！決定剖腹生嗎？是擔心鬆弛的問題吧！想挑戰水中生產嗎？好啊，親子一起樂游游！還是需要借用代理孕母的子宮？沒問題，科技始終來自於人性嘛！想怎麼生產，都是你的自由，但你家小寶貝是怎麼來到這個世界，絕大多數的人其實不想聽得那麼細，你真的不需要向大家報告選擇無痛分娩的原因。

要不要餵母奶

雖然臉書塗鴉牆上有些人的留言可能顯示出不同的看法，不過，其實多數的爸媽只在意怎麼幫自己的孩子餵奶，完全沒興趣別人家的寶貝是否已學會如何含住媽媽的乳頭，也不想聽其他媽媽乳頭的破皮狀況（暈），更不在乎其他小孩喝奶粉是否會影響長大後的免疫功能。各位媽媽，做自己就好了。

對小孩進行睡眠訓練

你不用跟其他人分享睡眠訓練的優缺點，沒有人想聽你的孩子到底是用什麼方式睡覺的，你只需要確保讓他們睡著就好！

孩子學會分享的重要性

多數爸媽對孩子都有些共通的期望，像是長大後可別變成喪心病狂的殺人魔。話說回來，很多爸媽也的確希望孩子從小就懂得分享的概念和時機，日後才能成為慷慨大方的成年人。不過，對於小孩分享玩具、故事書、帽子之類的東西，有些家長的執著似乎有點走火入魔了。有一個忍不住提出抗議的媽媽就說得很好：「我兒子如果肯跟你兒子一起玩玩具車，那很好。如果不想，那也是他的自由。在遊戲區時，我也沒硬逼你給我喝一口你手上的冰咖啡啊！是你兒子自己要在那邊哭鬧著要玩別人的玩具！隨你想用哪種眼神盯著我看，我都無所謂。接下來的時間，我都會心安理得繼續滑手機，我兒子也會繼續高高興興地玩他的玩具，請搞清楚，**那可是我花錢買的！**」

「專家說過……」

當爸媽的人其實都知道專家建議什麼，他們都有看那些（觀點彼此衝突、各說各話的）育兒書籍、文章和研究，來決定要不要讓孩子在五歲前每天玩十分鐘的3C產品。無論這些爸媽想不想採用專家的意見，他們都不想再聽你這位「非專家」口沫橫飛地照搬人家的話。

訓練孩子不用再包尿布

有些爸媽的確愛跟其他家長聊訓練孩子如廁的話題，這樣比較不孤單，可以享受有戰友一起奮鬥的感覺，或是對別人家的孩子幸災樂禍。這些家長或許想參考他人實用的建議，也或許是他們的小孩輕輕鬆鬆就能登上馬桶寶座，難免讓他們覺得很棒。不過對這個話題有興趣的人終究是少數，沒多少人會想聽你家孩子噓噓或嗯嗯的細節，很噁心好嗎！

定時午睡

從我的調查看來，很多家長都記得自己小時候隨時隨地就能入睡。結果現在的育兒文章卻跟他們說必須定時午睡才行，要像美國體操訓練營那樣嚴守鋼鐵般的紀律，否則大家都會開始面臨無法入睡的風險。這樣的擔心還算能理解，畢竟睡眠不足的確很痛苦，但也是不用一直把這件事掛在嘴上。有個媽媽就告訴我，每次一聽到朋友開始詳細描述孩子的午睡時程表，就讓她想換話題，例如最近看了什麼書、熱門的政治議題，甚至分享自己做的春夢，不然也可以聊聊男星馬修麥康納的手臂線條有多性感，足以成為春夢中的焦點。定時午睡的話題就請適可而止。

「你已經連生三個兒子（或女兒）了，要不要改生個女兒（或兒子）？」

好幾個媽媽都表示自己被別人這樣問過。拜託，生男生女的機率每一胎都是百分之五十不是嗎？提出這種無腦問題的人，是在建議這些媽媽如果又生出同樣的性別，就把孩子抱去丟掉，一直生到「中獎」為止嗎？這太可笑了。

優越感上身的爸媽不停炫耀

你的孩子在學校會上多麼厲害的課程（「他們有教機器人耶！」「他們有教第二外語

耶！」「他們有教空中飛人特技耶！」）、學校老師出的作業量要幾個小時才寫得完、你的私人司機行程有多麼錯綜複雜……這些事都只有你在乎而已，對其他人根本無關緊要。沒小孩的人不會感興趣，有小孩的人如果想聽你說，也都是別有用意，不是在考慮送孩子去同一間學校，就只是想搭你家司機的順風車而已。

***

沒料到吧？上面這些話題連其他的爸媽都不會想聽！幸好我從來沒有勉強過自己去對這些五四三付出在乎成本，希望你也要懂得放過自己。

最後，為了要讓這一節落下完美的句號，我還有一個效果已經獲得證明的建議要送你，而這件事可能會違背目前為止你在本書學到的東西。但這個世界有時就是毫無道理可言，就好比《綠巨人浩克》裡飾演男主角父親的尼克．諾特（Nick Nolte），居然曾經被雜誌票選為「最性感男人」一樣。話說回來，我的建議就是……

有時候，就算傷害別人的感受也沒關係！

嘿，先別傻眼。我原本確實堅決提倡以「別人的感受」為準則，來決定是否要付出在乎成本。更重要的是，在實踐「不抱歉的清理法」時，也要考慮到別人的感受，誠實以對並保持禮貌，不要當個王八蛋，這一套流程你應該已經滾瓜爛熟了。

但面對第三類的陌生人，甚至是偶爾碰面的點頭之交，我必須告訴你，為了追求最快樂的生活，有時候你無法顧及別人是否感覺受傷。

進行幹捨離，把時間、心力、金錢保留給對你真正重要的對象，是個持續不斷的動態過程。這代表你要根據每一天面對的事，來排定付出在乎成本的順序，有時候難免傷害到排序後面某些陌生人的感受。

我並不是鼓勵你開始在社群媒體當酸民，隔著螢幕偷笑，或是去外面大馬路上隨便對路人開嗆。那樣並不是改變人生的魔法，而是單純的壞心眼。

只是終有一天，在內心深處，你會知道在追求幹捨離的過程中，即使會傷害到某人的感受，也是值得的。經濟學家把這個情況稱為機會成本，我則稱為正常人該有的判斷力。

追求幹捨離時，傷害陌生人的感受也沒關係的情況

一、當宗教人士上門傳教：你不需要覺得直接關門或掛掉對講機很不好，我再強調一次，完全沒有不妥！是他們自己失禮在先的，在「傳教」（proselytize）這個單字裡面，明明就包含了「禮貌」（polite）的五個字母，不過那也是語義學的領域了。

二、當你趕時間，排你前面的人卻一直無法決定要點什麼：你絕對可以開口問他：「你是近視沒戴眼鏡嗎？我把整張菜單直接唸出來讓你選都還比較快，選擇要喝什麼有很難嗎？」

三、當你去聽脫口秀，臺上的人卻讓你笑不出來：保持禮貌固然重要，但要忍受二十分鐘的爛笑話跟難喝的啤酒，就又是另外一回事。表演的人既然要選擇這個工作，就要有堅強的內心配備。你覺得難笑就別理他們了，直接站起來，頭也不回地走人吧！

四、當你上廁所時，發現前一個人的尿滴在坐墊上：這種人就是欠罵！我的在乎預算表

裡可不包含上公廁還得小心翼翼幫前面的人擦尿，更何況以我的身高也沒無法半蹲避開馬桶座。要是有人不把馬桶坐墊擦乾淨被我遇到，不管是在酒吧、球場，還是會議室、宴會廳，我都會一路緊追她不放，當眾好好教訓她一頓！

五、當你在飛機上，前面的乘客不在乎椅背會壓到你的膝蓋：是你先不尊重我的個人空間，那你的空間我也沒什麼好尊重的。我是不會傷害到你的感受，但我保證會一直踢你的椅背，直到你識相把它收回去為止。

以上這些模擬情境都可以幫助你在日後面對朋友、點頭之交、陌生人時，決定要不要付出在乎成本。現在輪到你好好坐下，進入心之倉庫裡挖寶，寫下完整的清單了。

第三類：朋友、點頭之交，以及陌生人

所有需要我付出在乎成本的項目

那……還有人要當我朋友嗎？

前面都在大談特談負面的情境模擬題，就是要幫助你誠實面對自己，確認有哪些事項對你其實不具意義或重要性。**要你列清單**、**劃掉那些害你透支在乎預算的項目，最根本的目的在於幫助你看到自己真正值得在乎的事**。如此一來，你就能有更多時間跟心情去經營、追求對你真正重要的人際關係，並投入必要的在乎成本，這正是透過幹捨離來施展人生整理魔法的精髓。

在第四章，你將目睹這一切會如何統整並發揮效用，但革命尚未成功，同志仍須努力。

接下來，面對大魔王的時候到了，我們來卸下心之倉庫的門，正視消耗在乎成本的萬惡之源。

家人和親戚

唉，家家有本難唸的經！

該從何說起呢？這麼說吧，「家人和親戚」的存在就好比是國稅局，注定是要來榨乾我們的。家裡的事情永遠一直來，例如：拍家族合照、參加親戚的婚禮／成年禮／命名典禮、家族度假、集體諮商、右派的叔叔、手足競爭、應付各種家庭八點檔劇情、面對彼此的嫌隙和心結……這些事情層出不窮，每日消耗我們的在乎成本。

你有一定的比例收入會直接預扣拿去繳稅（難怪有些人會不滿比例太高），同樣的道理，**你的在乎成本也有一定比例會直接消耗在「家人和親戚」身上**。更可怕的是，付出成本（或是不付出）的後果還有可能比「事物」、「工作」、「朋友、點頭之交，以及陌生人」相加起來更加嚴重。難怪我們怕他們，就像怕被國稅局查稅一樣。

「怎麼會這樣？」答案很簡單，就是出於**罪惡感**。

一旦感到內疚，你的幹捨離就宣告失敗。如果會感到內疚，就代表你無法有效運用我傳授給你的工具和觀點，這不只是為了幫你拿出「管他去死！」的氣魄，更重要的是**要讓你做起來更快樂**。

內疚不是一種快樂。我這麼比喻吧，想像一下，假如你的胯下忽然奇癢無比，偏偏你身處人群中，不能把手伸進去褲子裡大抓一波。你癢到發瘋，只想趕快解脫……這就是內疚帶給你的感受。

幹捨離應該帶給你更多的愉悅、滿足和快樂，而非胯下癢的不適。

因此，好好研究「不抱歉的清理法」是很重要的，你應該動用一切手段關掉來自家庭的罪惡感製造機，免得自己被絞進機器裡，像是電影《冰風暴》裡的北歐殺手用碎木機將人碎屍萬段一樣。

你要竭盡所能地避免讓自己陷入這類悲劇。

你可能還記得，我在前面稍微提過義務感，以及它跟「家人和親戚」之間的關聯。全天下都知道，**家人通常會認為你「必須在乎」他們的生活，就只是因為你們是一家人。**

你仔細想一下，這種想法合理嗎？不，完全不合理。

付出在乎成本的核心原則之一就是**出於選擇**，而非**出於義務**，你希望能夠選擇如何運用自己的時間、心力以及金錢，好讓你在任何人際關係、任務、產品或事件中獲得最大的快樂。因此，**選擇你可以控制的，放掉無法控制的。**

雖然我們無法選擇自己的家人，**但最起碼我們要能選擇跟他們互動的方式，以及互動的**

理由。

至少，讓我們一起努力試試看。

當問題牽涉到的不只是收下茶具……

假設你媽很念舊，喜愛囤積物品，又愛管東管西，如今她打算把你外婆的名牌瓷製茶具轉送給你，而你其實完全不想要。你本來覺得，這件事應該只會影響你，畢竟你是唯一的保管者，收下時要假裝喜歡，還要在你爸媽來訪時勉強拿出來用。但你也知道，實際上你媽的心情也會受到影響，畢竟你做的事，沒有一件是不會影響到她的（「你可是我懷胎十月生出來的！」）。因此，面對這個辛辛苦苦把你生下來的女人，要是你不願意收下她想給你的「禮物」，你百分之九十九點九會傷害到她的感受。

這時候，就該出動「看法」VS「感受」那一招了。

你可能會想，就算你很清楚「背負著保管家族茶具的義務」純粹是你媽自以為是的看法，但問題就在於：她無法把自己的**看法**跟對於她母親（也就是你外婆）的**感受**分開來看。即使外婆永遠不會知道茶具傳承到你的手中，因為她早就不在人世（願她安息）。

接下來，你在腦袋裡上演各種小劇場，最後告訴自己這件事沒指望，因為無論再怎麼誠實有禮，你媽都還是會覺得很受傷。所以，你的結論是自己默默承受就好，假裝想要那套茶具。

當我們面對的是家人，這種挫折感在所難免。你受到了**義務感**和**罪惡感**的影響，所以只想要直接投降。但你還有其他條路可以走。

當然，我沒有厲害到能讓你脫離所有對家人的內疚感，那可能要靠醫生開鎮靜劑才有辦法達成。在這一節，我能做的是協助你確認家庭生活的哪些部分真的值得你在乎，或是不用在乎。對待家人，有時你不得不妥協跟在乎，但我可以教你如何重新審視自己的在乎成本，從不盡理想的情況當中獲得最好的結果。別忘了，你也是家中的一份子，也擁有快樂的權利。

研究顯示……

在這一類大家所不在乎的事項，其實有很多細節重疊。我做了匿名調查，請大家寫下他們不在乎的前幾名，我也很驚訝居然會有這麼多重複的答案。（我提醒過，「家人和親戚」類就等於幹捨離的地雷區。）

讓我們比照大家最愛的闔家歡益智節目，公布每個家庭的小秘密吧！在我的調查中，請大家指出「對於家人和親戚，你最無法忍受哪件事」。下面就來看看前六名的回應，從最後一名開始揭曉。

第六名：流著相同的血液，就代表必須聽命行事

我大概在五分鐘前就提過，如果只是因為你跟某人有血緣關係，就代表你必須在乎對方，或是在乎他想要你做的事，這實在是荒謬至極。不過，你自己的孩子算是例外，畢竟是你把他們帶到這個世界上，所以你必須付出在乎成本，至少要持續到他們長大到能夠照料自己為止。而對於其他家人和親戚，你並沒有這樣的義務，你可能以為自己有？誤會可大了！幸好有不少讀者已經知道這件事，所以你們應該還是有希望。

第五名：規定整個家族一起行動，或是要喜歡所有家族成員

我們每個人都是獨立的個體，像是一片漂亮的雪花，而世界上沒有兩片雪花是完全相同的，就算是同卵雙胞胎也不一樣！如果連雙胞胎都有差異，怎麼可能奢求家族成員一定會喜歡彼此，樂意經常一起出去玩，或參與同個活動？如果你家裡有人硬要強迫處不來的親戚一起行動，顯然他們把自身的在乎成本用在錯得離譜的地方。

第四名：被逼拍全家福

我完全沒有料到這件事的排名居然這麼前面，真是跌破眼鏡，原來有這麼多人都討厭拍全家福。在我看來，很少人會在乎那張照片本身，通常拍完後隔天，你就會在臉書動態看到照片已上傳，基於義務只好按個讚，但下一秒就把整件事徹底拋在腦後了。在這個時代，已經沒有人會在週五夜晚全家相聚，一邊喝著調酒，一邊欣賞家族相簿（有哪位讀者曾經歷那樣古早的時期嗎？）許多受訪者都指出，除了本身不喜歡拍那種照片，還有另外兩個主因：第一個是拍照時，快門都會在出奇不意的瞬間按下（沒人喜歡被暗中襲擊）；第二個是會被強迫穿類似的衣服。要想幹捨離的話，建議你利用團結的力量，確認家族裡有哪些人不想再拍那種全家福，叫大家一起拿出「管他去死！」的氣魄拒絕。少數服從多數！

第三名：聽那些陳年往事

在我收到的調查中，手足之爭、親戚間的嫌隙、雞毛蒜皮的吵架，或是跟八點檔有得拚的鬧劇，這幾項的答案數量之多，跟家族聚會時那些號稱「出名的」馬鈴薯沙拉食譜有得拚。很顯然，大家對誰又說了什麼話、某件事是誰的錯，或是老媽到底比較疼誰根本沒興趣聽。

第二名：遵循過時的過節習俗或家族傳統

隨著時間過去，家人難免會老去凋零，而我們也應該要告別某些習俗傳統。偏偏對很多人而言，每當來到一年一度的家庭活動，總是被迫要重複逢年過節、度假或其他聚會的相同儀式，就像電影《今天暫時停止》的主角，每天醒來又是相同的一天。所謂的感恩節，根本應該改名為「被逼感恩節」，而遇到某些宗教節日時，有些人還會變本加厲，強迫別人投入更多的在乎成本。比方說，打從一九八六年開始，你爸在每年的勞動節連假都會租下同一棟農村小屋，帶你們去度假；如今三十多年過去，那棟小屋都老舊到快塌了，連在週末帶你的孩子去急診室打破傷風針，都好過於去那棟小屋度假。你們是家人，不代表你就必須付出在乎成本；同樣的道理，你爸每次都是怎樣做某件事，不代表你就必須永遠延續他的做法。帶著尊重的口吻表達不同的意見，誠實以對並保持禮貌，就能幫你創造奇蹟。別忘了，萬一這些方法都不奏效，你也還可以搬出「不住簡陋的農村小屋」的個人原則當殺手鐧。

壓軸來了！對於家人和親戚，大家最想無法忍受的第一名是……

哎呀，有兩個答案平手。

第一名：宗教信仰的不同，以及政治立場的差異

受訪者一而再、再而三地指出，跟家人和親戚在這兩個思想體系上的歧異，害得他們深陷泥沼，這代表了兩個主題都值得我用「不抱歉的清理法」細細剖析。

我就先從宗教信仰開始聊吧，就像驅魔一樣，你也可以稱為「幹捨離的驅魔法」。

宗教信仰的差異

宗教信仰的差異可說是幹捨離的經典範例，很適合我們回到「不抱歉的清理法」的第一要素：**下定決心不管他人的看法**。你的宗教觀點當然會影響你，而且也只該影響你，同樣的道理，如果你的珍妮佛阿姨是保守派的信徒，她喜歡把哈利路亞掛在嘴邊，不停感謝主讚美主，那也是她的事。她有她的意見，你也有你的。如果你誠實有禮地表達每個人都有自己的看法，請她別在家族聚會時談論宗教議題，這樣只是在講道理，一點都不混帳。萬一你都做到這樣了，她還是覺得受傷，那也不是你的責任。

你還記得羅賓威廉斯在《心靈捕手》飾演的心理學家嗎？容我引用他那句療癒心靈的臺詞：

這不是你的錯。

這不是你的錯。

這不是你的錯。

下次家族聚餐時，如果珍妮佛阿姨又在刻意暗示你同居有罪的話，你只需要把沾到下巴的班尼迪克蛋擦掉，淡定地開口：「阿姨，我尊重妳的意見，但我們今天一起吃早午餐，是為了慶祝阿公阿嬤結婚六十週年，就別聊宗教信仰的差異了吧。」

這樣回應不是很得體嗎？這樣你就不是在當壞人，而是誠實有禮的年輕人。試試看吧，接下來的情況搞不好還會順利到讓你難以置信。不然，至少珍妮佛阿姨無法料到你還有這一招，會當下愣住，只能尷尬笑笑或挑動她拔壞的眉毛。

坦率以對的力量非常驚人。如果你只是拐彎抹角，就得花更多的心思陪她耗下去。光是聽到「拐彎抹角」這個講法，就足夠讓人心累了。

我合理推測，你從來不曾嘗試過這招，因為你被**義務感**、**羞愧感**、**罪惡感**給綁架，搞得自己成了弱者。為了避開你以為會更棘手的正面交鋒，你寧可付出寶貴的幾十分鐘消極抵抗，解釋自己的宗教信仰（或是自己為何沒有宗教信仰）。

讓自己心口合一，你會自在得多。原則就是「你們願意人怎樣待你們，你們也要怎樣待人」，《聖經》也是這樣交代。

政治立場的差異

在此分享一個親身經歷的小故事，展現我對「不抱歉的清理法」的信心和效果。為了保護家族成員的隱私，人名有所更動，但我保證其他細節都是原汁原味。如果哪天故事裡出現的人物讀到了這本書，認出我是在說誰，請千萬不要感到羞愧。要知道，**活出理想生活**正是「不抱歉的清理法」的重點。而且我知道他們跟我一樣，沒興趣聽別人狂聊自己的政治立場。

跟選舉不同的是：當天的情況之中，沒有人是輸家！

故事是這樣的。有一天晚上，我和另一半還有兩個親戚共度了美好的晚餐時光，大家正在大啖美味的酥炸海鮮時，話題開始轉到當時的總統歐巴馬，那時爆出了他的出生證明是否符合參選資格的爭議。餐桌上的人紛紛表達起自己的主張，趕在大家尚未陷入激辯以前，我直視親戚的眼睛，誠懇地說：「迪克、小珍，我真的很珍惜我們的感情，我想就別聊這個話題了吧。」接著，我把頭轉向政治立場跟我相同的另一半，雖然看得出來他很想要繼續，但我由衷覺得沒這個必要，就對他強調：「我是說真的。」

在場沒有半個人露出被刺傷的神情。大家只是開始改聊其他話題，意猶未盡地把沾到手指的塔塔醬舔乾淨，最後各自挺著飽肚回家，結束了愉快的一夜。

家人聚餐就應該像這樣才對。只要你照我說的，先列好你的在乎成本，要實現並不困難。

萬一還是有人一哭二鬧三上吊呢？

我一再模擬各種適合「不抱歉的清理法」的狀況，強調兼顧誠實和禮貌的重要性，就是想讓你知道，根據統計，只要你能真誠運用「不抱歉的清理法」，搞到撕破臉或有人落淚的可能性很低。當然，我也不能說事情就一定會百分之百順利。但更有可能的是，你跟家人的關係有可能會就此進入嶄新的階段，不但減少了衝突，也更能懂得尊重彼此。

不過，要是你的家族裡有很多人容易歇斯底里，動不動就上演哭鬧劇，你真的希望他們經常邀請你去作客嗎？

拒絕羞愧感上身

羞愧感會令人感到孤單和疏離，一旦覺得羞愧，也會連帶讓你產生**罪惡感**。我分享我的研究結果，就是要讓你知道：**你並不孤單**。世界上並不是只有你想擺脫家務事。有很多陌生人都參與了我的問卷調查，結果證明，大家對各種敏感的家庭議題其實都興趣缺缺。

這代表在聖誕節聚餐時，如果你的吉姆叔叔又開始發表長篇大論，或是在你婚禮晚宴的彩排上，芮妮阿姨強迫所有賓客要戴上轉運手鍊，你們家族裡其實會有好些人都跟你一樣，心生不滿和反感。

既然你不是唯一會這樣的人，就不需要對自己幹捨離的決定感到羞愧。團結力量大，當你下定決心要幹捨離時，不妨利用大家都有共識的力量為自己做好心理建設，然後帶著信心堅定行動。

對於如何過節，你需要制定個人原則

我另一半跟我有一項針對如何跟親人團圓過節的實用個人原則，歡迎儘量直接沿用，你也可以視情況自行調整。

我們總共需要跟三戶親戚一起過感恩節，偏偏我們又不像影集《黑色孤兒》的女主角一樣擁有分身，**也不想要特別偏心誰**，所以大約在八、九年前，我們就說好會依序到每一戶去過節，每三年輪調一次。我跟另一半非常嚴格執行這項協議，不容許任何例外。因此，就算今年瑪莉阿姨要舉辦大型生日派對，或她兒子用很划算的價格入手了八人座遊艇，邀請我們搭乘；或是他交了新女友，想介紹給我們認識，我們都不會破例。這些邀約都必須等輪到她的那一年再談。有一年，因為輪到要去跟另一半那邊的親戚過節，我甚至沒有出席十五週年的高中同學會（其實我也沒有特別想參加，但這不是重點）。你可能想說，這規則未免也訂得太死了吧？我不否認，但重點是這樣一來，**沒有任何人會覺得受傷**，這一點可是很值得感恩的。

同場加映：對於家人和親戚，另外五項大家受不了的事

一、讀取家庭群組的最新訊息。
二、爸媽總是硬要向我更新表哥或堂妹的近況，我看臉書就知道了啊！
三、隱瞞家人自己有喝酒的習慣。還不就是因為他們，我才常需要來一杯。
四、家人或親戚一直碎嘴挑人毛病。
五、爸媽提到他們養的那幾隻狗時，都故意說「我的金孫」……

呼，我們終於要接近終點線了。

我們就快要搞定第四關了，如果我表現稱職，你已經開始收穫人生整理魔法的甜美果實了。至少，你已經學到了一些新工具跟思考原則，幫助自己得到在人生中想獲得的東西，你也知道了自己並非異類，世上還有其他人跟你一樣，也都在乎（或是懶得管）那些事。

在我們結束「家人和親戚」這一大類之前，在子分類還剩一小群人需要處理，他們往往不是在勸誘就是在施壓，剝奪我們的注意力，你很清楚我指的是誰。

姻親

你還記得我說過「選擇優於義務」嗎？只要你不是來自由父母決定終身大事的文化，都可以自由選擇對象，不過對方的家族成員就不在選擇範圍裡了。畢竟，婚姻的重點在於你想要跟誰共度餘生。如果婚姻的重點是姻親有誰，大家會乾脆一夜情就好。

一旦結了婚，你在「家人和親戚」類必須付出的在乎成本就會瞬間翻倍。那種心情就像是公司發獎金，你上一秒還在開心賺到了，結果下一秒國稅局就出現，說要扣百分之五十的稅般令人傻眼。

基本上，你的姻親可以說是隨貨附贈的品項，你心愛的另一半就好比是剛入手的新車，但車商同時也免費塞了一群人給你。有些人就像後座扶手的置杯架，還算是優質好禮；有些人則是……嗯……很爛的贈品。

話說回來，你也無法選擇自己的原生家庭，因此在姻親的應對上，你當然也可以使用一樣的方式：保持尊重，並根據如何減少心煩、增加心動來分配你的在乎成本。

更理想的做法是，你應該跟另一半討論，協議好兩人的在乎成本應該如何配置，然後**分工合作**。

比方說，在一般需要送禮的情況，如果是你那邊的親人即將結婚、生小孩、過生日，或是慶祝生命中的里程碑，負責挑禮物的任務就是落在你頭上，由你來花時間和心力準備。反過來說，如果禮物是要送給你另一半那邊的親戚，即使是遠到不能再遠、查族譜才能確認的遠房親戚，都應該由你另一半負責。（乾脆直接送每個人這本好書如何？）

你是逃不了的。當你「接收」了你另一半的家人，你的在乎預算表勢必每天（或至少每半年一次）都會增加眾多的分項帳目。但反過來想，他們也接收了你這個新的家人不是嗎？他們也得面對你的宗教信仰、政治立場、過節傳統，或是處理你對拍全家福時必須穿高領毛衣的厭惡。

對於想幹捨離的事項，你跟他們的共通點可能遠比你想像的多！

因此，在面對另一半的家人和親戚時，由你先實踐「不抱歉的清理法」，就可以讓其他人啟動連鎖反應。這樣每個人都會過得更開心，相處起來更和諧，同時還能幫大家一起省下在乎成本。

終點線前的最後一哩路

這是你進入心之倉庫的最後一趟冒險了，裡頭存放的「家人和親戚」類在乎項目可能深埋在地底下三層樓，被滿布的蜘蛛網和諸多不爽覆蓋。它們就跟逢年過節的裝飾品一樣很占空間，不管現在是否適逢佳節。但只要你開始動手清掉灰塵，把這些煩人的項目拖出來重見天日，你的工作就完成一大半了。

來列最後一張清單吧，好好把握最後的機會！

第四類：家人和親戚（包含姻親）

所有需要我付出在乎成本的項目

整合你的清單

恭喜你大功告成！到目前為止，你學到了好用的方法，來確認自己是否由衷在乎某些人事物，也把那些消耗在乎成本的項目分門別類，方便日後管理。你在心之倉庫裡踏著自信從容的步伐，打開手電筒探進最陰暗的角落，照亮了裡頭的雜物堆。它們是從哪時候開始累積到現在的？嗯……至少，是在你讀這本書之前開始的。

「不抱歉的清理法」的步驟一是下定決心選擇要幹捨離哪些項目，此刻你已經可以準備揮別它們。

你手邊應該多了絞盡腦汁（外加雙腿發麻）後所列出的四大類清單，上面分別列出了你由衷在乎，還有可以「管他去死」的東西。好消息，現在我們可以正式進入讓你大呼過癮的階段——狠狠劃掉清單上的一些項目！

別忘了所謂的「在乎成本」，意味著你付出了自己的時間、心力或金錢。劃掉你其實不在乎的項目並幹捨離後，你將大有斬獲，重新擁有更多的時間、心力或金錢，能夠用在其他對你而言重要的地方。

第一步，你需要的是拿出一支粗大的黑色麥克筆。要劃掉東西時，用大支的黑色麥克筆最過癮了。

接下來，這是你最後一回合坐在地上，旁邊放著你所有的盤點清單。這些清單是你在心之倉庫展開雜物之旅的收穫，看著上面的項目，觀察它們在你的內心、頭部、腹部究竟是引發**心動**還是**心煩**的感覺。

你感覺到胸口心跳加速或腹部在興奮躁動嗎？這就是心動感的訊號！你手上的麥克筆應該跳過這些事項，就像《聖經》裡神放過以色列人的長子一樣。

你感覺到心悸擔憂、反胃想吐嗎？這就是判斷的標準，快劃掉眼前那一個事項，或是乾脆一口氣劃掉三個！

《怦然心動的人生整理魔法》書中的最後一步，是建議讀者向每件物品道謝，包括洋裝或手提包，謝謝它們曾經有過的貢獻。但我不確定，你是否該感激幹捨離清單上那些煩人的事項。畢竟它們過去一直在榨乾你的時間、心力跟金錢。

我想提議一個更棒的做法：

每當你拿著麥可筆在某個心煩項目上徘徊時，就豪氣地點下去把它劃掉，**執行永別的儀式：「去你的！滾出我的生活！」**

如何，這樣是不是感覺很痛快？

現在，你即將朝步驟二邁進，準備領取人生整理魔法的獎勵。我很欣慰你能在短時間內進展到現在的階段。不過請稍安勿躁，先確認一下我們是否真的已經達成共識。對於那些留下來的事項，你是真心想要全都保留嗎？

你不妨再多考慮一下。

別小看了不常出現的在乎事項

你的清單上之所以有些項目沒劃掉，大概是因為你覺得既然這件事不常發生，保留應該會比幹捨離來得方便。

可能是我沒講清楚，那就由我負起全責吧！讓我幫你複習一下破窗理論的概念。**注意：如果你隨隨便便就對讓你心煩的項目付出在乎成本，別人就會期望你一直繼續下去，就跟前面提過的無意義紙本流程一樣，只會造成惡性循環！**

還記得**個人原則**可以幫你建立一個說「不」的正面模式嗎？付出無謂的在乎成本也會形成一個固定的模式，帶來負面的影響，讓你未來要幹捨離只會難上加難。

你都已經花時間認真分類項目、列清單、編預算了，為什麼卻因為這些心煩事每年只發生個一兩次，你就選擇便宜行事，繼續把在乎成本浪費在上面？

再一味將就下去，你就永遠無法達到開悟的境界。你只能勉強自己繼續配合別人，在每年的聖誕假期帶著宿醉、唱著頌歌，在十度的天氣裡穿著可笑的毛衣。

由衷在乎的事就繼續做吧

最後，如果你已經按照第一章的流程圖，確認好清單上有哪些事項是你確實在的，就儘管繼續去做吧。付出在乎成本很容易，這件事你就不需要我的幫忙了。

至於那些你其實不在乎的事項，現在我們要前進「不抱歉的清理法」步驟二——實際執行幹捨離。

第3章

步驟二：執行斷捨離

此刻的你正站在斷捨離頂端的分際線，居高臨下的視野很不錯吧？

在第二章，你學會了如何根據**心煩**和**心動**的感受，來讓自己付出的在乎成本更有品質；也以量化的方式，確認清單上的項目是否符合你的在乎預算。你學到幫助自己評估的工具和思考原則，了解**感受**跟**看法**不該混為一談，以及在表達時**保持誠實有禮**的重要性。

你也在地板上列出了四大類的清單，再狠狠劃掉那些你壓根不在乎的項目，說不定你還把筆劃到沒水，甚至得再買一支新的（我真的看過這種情況）。我由衷想對你說聲恭喜！

而接下來，情況還會更加美好。

因為在第三章，你就要**真的實踐斷捨離了**。

你是不是開始有些激動，有點緊張？放輕鬆，我們就先從想像你即將擁有的每項收穫開始吧，這樣應該可以幫助你摩拳擦掌，準備好成為斷捨離冠軍！

時間、心力、金錢：三位一體的斷捨離收穫

當你停止對不重要的項目付出在乎成本，就可以重拾更多的時間、心力跟金錢。**把這一**

點牢記在心，可以幫助你在步驟二時確實付諸行動。此外，把你會得到的收穫視覺化，則能促進你的大腦分泌腦內啡。在我的專業建議裡，腦內啡可是具有神奇的魔力。

所以先花個幾分鐘，**想像一下步驟二的收穫可以帶給你哪些心動感**，下面是我想到的幾個示範例子：

時間

有時你要的不多，就只是希望有一小時放鬆跟獨處的時間，能悠哉泡個澡，修個腳趾甲。這很簡單！只要在鄰居邀請你參加蔬食燒烤派對時勇敢說不，你就能擁有自由愜意的一小時。浴缸在向你招手！

心力

有時你可能會想早起，好在一大早六點就抵達健身房，因為你不喜歡運動時旁邊有觀眾。這很簡單！只要你能拒絕參加某個白目在週二舉辦的晚餐派對（而且十點才開始，搞什麼？）你就可以免去宿醉並一夜好眠，在週三清晨跟跑步機來場活力充沛的約會。

金錢

你可能極度渴望到加勒比海度假，光是靠想像，就能感覺自己的短褲碰到了暖呼呼的沙灘。這很簡單！只要你拒絕出席研究所同學的婚宴（你們明明超不熟，你搞不懂自己怎麼會受邀），就能把你看這本書之前會掏出的那筆紅包錢，改拿去訂廉航機票。重點是：你會對自己的選擇問心無愧！親愛的，帶著不抱歉的心情一路前往維京群島吧！

來看看我三位一體收穫的具體例子

- 每天睡到自然醒
- 跟另一半變得更性福
- 度假時不再需要收公司信
- 看了各式各樣的貓咪迷因
- 每週五跟我最愛的貝禮詩奶酒在沙發上共度美好夜晚
- 當個更加散發自信光采的女人
- 有時間享受日光浴
- 把多出來的時間、心力、自由拿來定期創作新書除了在腦中想像心動的畫面，還有另一個將收穫視覺化的方法，就是把你想要斷捨離的項目放進下頁的文氏圖。這樣一來，你就可以清楚看到那些項目會耗損時間、心力或金錢，也能對應在斷捨離後，你將賺回哪一種在乎成本。

用文氏圖來複習你的清單

看一下你列出的項目，如果在斷捨離後能增加自由運用的時間，就在旁邊標上時間；能增加心力，就標上心力；能增加金錢的，就標上金錢。

有些項目只會落在文氏圖的一個圓圈，有些則會是兩個圓圈，例如時間加上心力，或是心力加上金錢。可以想見，同時落在時間、心力、金錢三個圈圈交集的事項，才會還給你最大值的自由，帶給你最大程度的快樂。

然而，有三個圓圈交集的項目，通常也代表你需要做更多事情，例如：格外留意別人的感受和看法、反覆確認在乎預算表、先想好一些個人原則，有些情況甚至需要下定決心當個壞人。

不過，這些事我們都能解決。

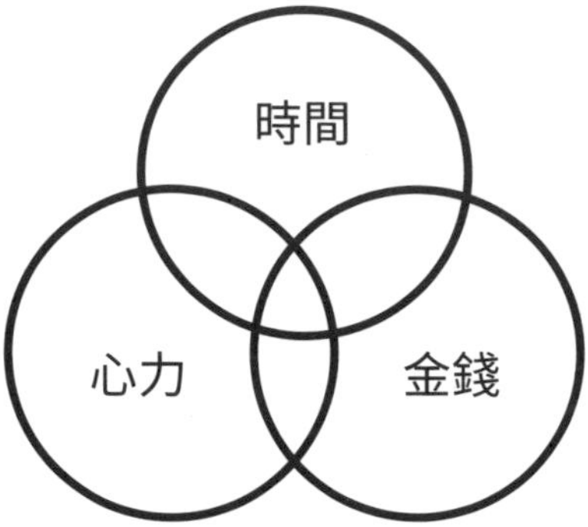

我在第二章提過十件幹捨離事項，把它們跟文氏圖比對，關係圖會如上所示。可以看得出來，我擔心消耗的成本主要落在時間跟心力，金錢就還好。

這個結果很合理，因為對我而言，時間是唯一有限的資源。心力在適當的條件下就能復原，錢則只要再賺就有了（或是靠信用卡）。

如果你剛好是每個月只領最低薪資，我絕對沒有要得罪你的意思。上述只是針對我自己的情況。在我看來，這輩子所擁有的時間，從每個人呱呱落地的那一刻起，就開始不停流逝。如果是需要用到更多錢，我可以想辦法去賺，或是跟別人借，但唯有時間是想借也借不到的。如果可以，我相信美國運通也想回到利率16.9%的時候。

青菜蘿蔔各有所好，**在做這項練習時，哪種資源對你最有價值不是重點，重要在於你要學著去辨識它們**，無論你的文氏圖出現什麼樣的排列結果，在採取步驟二時，看

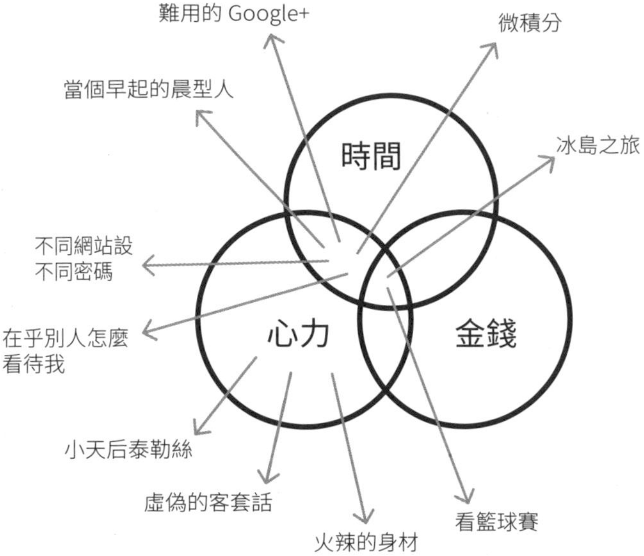

到有哪些項目落在對你來說最有價值的資源上，能夠幫助你堅定立場。

這也能幫助你開始取回時間、心力以及金錢的成本！

聽到了嗎？此時你大腦裡的腦內啡正在吱吱喳喳，它們想說的是：你做得很好！

慢慢來，比較快

執行幹捨離時，請在日常小事也能拿出「管他去死！」的氣魄。比方說，接到推銷電話時，你可以直接掛掉；生日時，你可以裝病請假；水電工早上要去你家修東西時，你可以隨便戴個棒球帽就好，不用還特地早起洗頭吹整，搞得像是要參加選美比賽。

即使你對於幹捨離清單上的事項再怎麼躍躍欲試，到了實際上場的前一刻，**步驟二常會讓你像是一艘少了風勢助陣的帆船，失去了信心。**為了避免讓你只能帶著無線電在汪洋大海中漂流，我建議你親自找出辦法啟航。

我的意思是，**你可以謹慎一點，先從清單上只會影響自己的項目開始。**練習完後，你對步驟二就會比較自在，之後才能面對其他人的感受。到那種時候可就沒那麼輕鬆了。

從自己開始不會影響到其他人，甚至不需要顧到禮貌，唯一需要做的就是保持誠實，不要騙自己。底下就依照幹捨離項目的困難程度，由小到大分為黃、橘、紅色警戒區。

黃色警戒區

你厭煩了滑臉書時一直看到某人的動態洗版嗎？「取消追蹤」絕對是史上最方便讓人一秒幹捨離的發明，不需要像「解除好友」一樣冒著被質問的風險，就能默默享受相同的好處，祖克柏萬歲！

你想放下對於凍齡的執著嗎？別再砸大錢在高級保養品上了，也別再把時間花在煩惱你臉上的歲月痕跡。我必須潑個冷水，這世上沒有人能夠真正「逆齡」，除非你是六十多歲的超模布琳克莉（Christie Brinkley），她看起來永遠都那麼美。

你不想再討論股票話題了嗎？你不需要再為了在晚餐聚會裝成財經高手，勉強自己看《華爾街日報》，每次都讀到想撞牆。找個理財顧問吧，真正的專家會讓你值回票價。你還不如花時間鑽研對自己真正有意義的主題，例如當個調酒達人？（眨眼）至於股票經，就留給真正的專家跟你那群朋友去聊吧。

橘色警戒區

從這一區開始是進階等級，你面對的是不合理地消耗時間、心力或金錢的事項。雖然幹捨離這些項目可能會影響到其他人，或是需要你跟對方聊到**看法**或**感受**；但客觀說來，這些仍不算是你的問題。例子如下：

你想拒絕魯蛇友人的要求嗎？你的朋友明天要搬家，他活到四十歲卻沒個像樣的工作，請不起搬家工人，只好央求你幫忙，說會請你喝啤酒答謝。對他實話實說「這是你自找的」恐怕不是最好的方案，但你可以做的是禮貌推辭，編個合理的藉口。例如說你有工作要忙，不會被他識破的，畢竟他根本不懂工作很忙是什麼意思。

你不想在職場上推廣綜效（synergy）嗎？如果你擔心老闆會點名你負責這項任務，放一百二十個心吧，要評估綜效的成果極度困難，你付不付出在乎成本都一樣。你不如直接把心力保留給對自己真正有利的事情，比方說在公司開賭盤，邀大家一起下注美國大學男籃聯賽。

你不想一起慶祝同事生小孩嗎？很簡單，辦公室在傳嬰幼兒用品網站禮物卡的集資信封時，你就不要擺半毛錢進去。擔心其他同事會覺得你小氣巴拉嗎？請回到第一章，好好複習「別管他人怎麼想」。

紅色警戒區

紅色區除了需要動用你所有的手段，還得適度保持沉著，可能還要祭出一到兩項的個人原則。**這區的項目牽涉到其他人，極有可能會傷害他們的感受，甚至可能需要當個王八蛋。還有，想擺脫這些項目的行為，也經常不被社會大眾所認同。**這類事項正是「不抱歉的清理法」的重點處理對象，是時候挺身行動了！可能的例子如下：

你打算不再出席親戚的婚禮、畢業典禮以及其他類似場合了嗎？這些活動通常都會提早規劃，也因此你很容易在受邀時一口答應。我推薦你一項視覺化的想像練習。當你下次收到婚禮出席問卷時，在你輕率地直接勾選「出席」，而糟蹋自己的在乎預算之前，你不妨暫停一下，先想像婚禮當天你可能會散發的負能量，或是想像前一晚更糟糕的情況。像是你必須排隊通過龜毛的機場安檢，就為了飛去賓州匹茲堡參加遠房表哥貝瑞的《星際大戰》主題婚禮。尤達大師不是就開示過嗎？「在黑暗之處，我們得以發現自己。多認識自己一些，能照亮我們的路途。」如果你在答應參加之前，先提早模擬處在深淵的感覺，到時就不至於為了出席婚禮而痛苦好幾天（甚至是好幾星期、好幾個月）你還可以省下幾千美元的機酒錢。你只需要勾選「抱歉，無法出席」，禮到人不到，就可以省下幾千美元的機加酒費用。對了，送你遠房表哥和表嫂一個死星圖案的砧板如何？

你對朋友孩子的事沒興趣參與嗎？首先，你需要跟朋友說清楚，這不是針對他們的孩子，而是每一個小孩！這樣一來，這就比較像是**個人原則**。如果你自己也是為人父母，你可以說「自己孩子以外的小孩」。如果你直接說「我不想再管你家孩子的事」，這樣是不會有好結果的。即使你如願以償，也會失去朋友。假如你不想出席主角是幼兒的活動，或是無論如何都不想再被抓去充當臨時保母，但仍想保有你們的交情，那麼除了誠實以對，你還必須要另外留意示好的機會。你可以請朋友的小孩吃點心，或是朋友在社群媒體上曬小孩時，你就在底下稱讚「怎麼這麼可愛！」應該都會收到良好的效果，「一匙糖的甜度可以幫助你嚥下苦藥」的哲理，是經典童書《魔法保姆》從一九三四年迄今的「不抱歉」之道。

你其實不在乎任何關於可愛小狗的事嗎？好吧，你只能自求多福了。

打氣時間

在這裡要先幫你打個預防針。雖然你已決定好要幹掉離什麼項目，也比對了文氏圖，打算從最簡單的事開始執行；但是你仍要有心理準備，情況不會總是一帆風順。雖然有我們這些已經覺醒、豁出去的前輩可以當榜樣，但幹捨離要是真有那麼輕鬆，你就不會拖到現在了。

先聽清楚了：你有可能會因為不夠堅定，出現動搖或破功的情況。這其實很常見，你可以放寬心。「不抱歉的清理法」就跟避孕藥一樣，雖然都是造福人類的劃時代發明，但也都不可能萬無一失。如果哪天你發現自己正在害喜，記得我接下來要分享的警世寓言就好。

沒人想參加的派對

還記得第二章聊過同事提姆的卡拉OK生日趴嗎？假如你在列清單時，確定自己就是不愛唱歌，也有可能是不喜歡提姆或生日派對，而且你還知道同事其實幾乎都不想去；但因為只有你看過這本書，你成了唯一膽敢拒絕的勇者，執行了步驟二說「不」，沒有勉強自己參加。

你大獲成功！

結果到了隔天，你開始心神不寧了起來，有可能是因為提姆或其他同事對你冷淡（嘿，專心在自己的目標上！你真的要在乎別人怎麼看你嗎？）總之，你動搖了，開始質疑自己幹捨離同事生日趴的決定是否正確，還消耗了一些心力的在乎成本擔心整件事。

請立刻停止胡思亂想。

重點來了，你只是對這種解脫感還很陌生，千萬別把它跟後悔或羞愧的心情搞混了。你做的決定是正確的。（拜託，他們還把一整張老歌專輯從頭唱到尾才肯結束耶！）你感受到的其實不是內疚，而是自由，你對其他同事的心情也只是出於同情。要是你由衷認為籠罩自己的感覺是內疚，現在就把「後悔的心情」放進幹捨離清單！

再說，對於其他同事的看法，遲早你也會「管他去死！」。

「實話實說」的標準可以浮動

在前兩章，我一再伸手對你當頭棒喝，要你進行步驟二時務必小心，跟他人的應對要**誠實有禮**，以免自己淪為王八蛋。但在某些情況下，不見得非得堅持要有禮貌（萬一你失憶了，可以回到第二章複習「有時候，傷害別人的感受也沒關係！」）。不過比起禮貌，說實話這個原則其實更有彈性。

執行幹捨離時，誠實「通常」為上策。誠實可以提供雙方資訊平等的公平環境，為你省下很多累人的旁敲側擊。你也不用再擔心社群媒體會讓你漏餡。而如果你用謊言來拒絕參加某個場合，結果在另一個場子用臉書忘情打卡，這樣就會洩了你的底。

一旦說了謊，就會有很多額外的煩惱。

選擇誠實以對，你就能直說「我很抱歉，我真的抽不出時間看你出版的精靈奇幻小說，先祝你的書大賣」，或是「我不愛喝茶」。這些說法簡單明瞭，而且如果你顧及禮貌，就會很有效果。

你不會傷害他人的感受，也不會被抓包在說謊，正是「不抱歉的清理法」的極致展現。你不需要為了如何選擇一件事而掙扎，也不需要為任何事道歉。

但有些時候明明你已經搞定了步驟一，選好要擺脫哪些項目，也擬定了最誠實有禮的行動計劃，但在真的要執行步驟二前，卻又會感到不自在。這算是好事，如果你難免會擔心，這證明了你並不是一個的王八蛋，真正的王八蛋才不會為了這種事焦慮。

這邊我想說的重點是：如果你有預感百分百誠實並非最佳方案，你是可以適度修飾的。這裡舉出一些很適合修飾的情況，供你參考。

不適合太過老實的情況

- 當你需要對他人煮的菜發表感想
- 當你用「時間不方便」的藉口就能解決
- 當你不想被抓去跟其他人的諮商師談談
- 當你需要跟小孩子解釋世界上沒有聖誕老人
- 當你面對的是懷孕中的女人
- 當你面對的女人是婆婆（或丈母娘）
- 當你面對的女人是懷孕中的婆婆（或丈母娘）

不同的幹捨離事項，相同的應對原則

在上一章，我陪著你決定了想要幹捨離的項目。在本章前面，我們一起複習了幾個概念，來讓你更有動力。**現在，輪到真人真事的幹捨離情境上場了。**

在這一節，我要再次呈現我的研究成果！根據我做的匿名問卷調查，我會告訴你其他人的幹捨離清單上常出現哪些項目，並示範如何擺脫它們，同時又不會讓你變成一個王八蛋。

為了幫助你更輕鬆實踐「不抱歉的清理法」，在步驟二，我提供了三個難度等級的實踐指南，分別是菜鳥級、中級、高手級。你都可以根據自己的個性，還有多想認真擺脫這些「根本不需要在乎」的項目自由選擇。

第一關：「事物」類的幹捨離

我的書進行到這邊時，有至少百分之十的受訪者都表示不在乎《與卡黛珊同行》裡的一家人，或是受不了她們家的某個人（對，翹臀金，就是在說妳沒錯！）也有另一群百分之十的受訪者回答並不想看到實境秀節目、出現在實境秀裡的人，或是那些不知道在紅什麼的名人。我不知道能說什麼——這個問題超出了我們全部人加起來的能力範圍，我甚至還花了些時間沉思這個存在主義的難題：如果這麼多人都對卡黛珊一家人的生活沒興趣，那為什麼電視還是一直在播她們？但我很快就做出了結論：管她們去死！

我們繼續看下去。

除了單身男女、家庭主婦、實境秀固定班底，還有一些名人也都出現在受訪者想要幹捨離的「事物」類清單上，包含了瑪丹娜、休傑克曼、饒舌歌手德瑞克。要對這些項目執行幹捨離，應該不會多費力，所以我就不再贅述，下面來看其他更為急迫的問題。

資源回收：「不抱歉的清理法」的重點是以你的快樂為第一優先，保留時間和心力給真正在乎的事。因此，假如你其實不在乎環保愛地球……

菜鳥級：下定決心回收瓶罐類即可，別再擔心紙容器跟保麗龍是否符合回收資格了……噓，我不會跟別人告狀的。

中級：直接把空容器當成一般垃圾丟掉吧，不用再費心分類。你昨晚跑趴很累，現在只想休息。

高手級：把回收工作都交給你的另一半或室友就對了。不用再勞心勞力，當作什麼都不知道，裝死就好。

Podcast：我個人對 Podcast 節目是沒有任何意見，不過我懂為什麼有些人會想無視群眾都在追隨的主題，畢竟那樣顯得有些盲目，特別是當其中包含了大量的菁英主義時（請重溫第二章我對《紐約客》的看法）。

菜鳥級：有人提到 Podcast 時，你就回答「等一下，先別跟我說」，然後轉身離開。他們會以為你是在鬧著玩。

中級：編造一個 Podcast 節目，跟其他人說你超級愛那個節目，然後就可以笑看他們假裝也有聽的蠢樣。

高手級：如果你已經可以不去在乎別人的看法，當朋友又開始耍文青，聊起他愛的節目時，你可以抬起下巴說：「我不聽 Podcast 的。」

注意囉！這招也適用於某些知名品牌。跟上面那一句一樣，但要改成說「我不喜歡〇〇」，然後等著看好戲。其他人一定會暗自慌張：「其實我也不喜歡啊，我到底在幹嘛？」

莎士比亞的真實身分：如果你是研究莎士比亞的學者，你確實需要在乎，或是需要假裝自己在乎。但對其他人來說根本無關緊要。

菜鳥級：在雞尾酒派對上，如果有人堅持莎士比亞的真實身分是馬婁（莎士比亞同時期的競爭對手），你可以先說「你支持馬婁是嗎？」再朝地上吐個口水，他會懂的。

中級：如果你被逼得走投無路，可以先做作地說聲「諸位，人生短促！」然後飛奔到隔壁房間，直接默默閃人。對了，有很多幹捨離的情況，都超級適合這樣做。

高手級：一開始就全面封鎖莎士比亞主題的派對。

熱門影集：這是另一個讓你能輕鬆實踐「不抱歉的清理法」的例子，畢竟沒有人會拿著劍逼你看完原著小說或影集，但你有可能會被迫一直聽別人聊追劇，所以還是需要做好萬全的準備。

菜鳥級：「咦，你還在講那部劇嗎？抱歉，我剛才恍神了。」

中級：維持誠實有禮的風範。「其實我對這部劇沒什麼興趣，所以我要先閃人了，週二早上再聊！」

高手級：買一件印有「管○○（可能是龍）去死！」的上衣，在新一集播出的隔天穿去上班。

社群媒體：在現今社會，要是沒用臉書，就好比一九五○年代在好萊塢身為共產黨員那樣突兀。畢竟群眾就是容易盲從，而遇到不願從眾的異類時，大家難免會不喜歡你。我本身是很自豪都有在用臉書、推特、IG。不過，如果你是屬於想遠離「按讚人生」的少數人，請堅強下去！繼續你那沒有 #hashtag 的生活。

菜鳥級：隨便挑個社群平臺，建立好個人首頁後，就放著長草吧。臉書的隱私設定很爛，我個人建議你不如在推特潛水，上面有很多勁爆內容，畢竟很多人一上推特就一秒變酸民。

中級：好吧，你可以不要註冊任何平臺，但也千萬別跟別人提到為什麼你不想用臉書，否則只是在挖坑給自己跳。

高手級：「你知道網路交友有很多詐騙嗎？」

別人的感情世界：這代表你確實屬於開悟者的一份子！一旦明白別人的感情生活不關我們的事，要採取步驟二就超級簡單。

菜鳥級：你有看到那邊的兩個男生（或女生）正在卿卿我我嗎？多可愛的一對啊！

中級：你隨手翻閱雜誌，映入眼簾的是老明星跟第四任嫩妻的合照，晶瑩剔透的年輕肌膚對照著一旁「性感帥氣」的老人斑……請直接翻到下一頁。

高手級：要幹捨離其他人的感情世界沒那麼困難，一旦你到達高手等級，就有責任幫助其他人清醒。只有你自己不在乎還不夠，還要讓其他人知道關注這種事有多蠢。

融入群眾：就是為了這一點，我才決定寫出你手上這本書！無論你是屬於幹捨離的菜鳥、中級還是高手，只要你厭倦了每次都要假裝有興趣、有熱忱、迎合社會主流、配合他人，本書就是為你而寫。這本書可以賜予你力量，讓你放心做自己，活出理想的生活。

第二關：「工作」類的幹捨離

有超多受訪者都回應他們根本不想管實體會議、遠端會議、服儀規定，這些都已經在第二章深入討論過。不過還有一些項目是大家壓抑很久的情況，顯然都需要依靠「不抱歉的清理法」來解決。

回覆不請自來的郵件：「完全不回信」正是會影響到其他人（例如寄件人）的典型例子，但既然是對方擅自寄信給你，就不算數。

菜鳥級：我在此授權你不用再管這些信，就直接按下刪除鍵去逛網站吧。寄信的人根本不會在意。

中級：光是刪信還不夠，要順便封鎖寄件人，教訓教訓他們才行。

高手級：你的收件匣塞滿了電子報、折價卷跟募資平臺的通知嗎？安裝取消訂閱的軟體一次搞定吧！效果就跟第一次嗑藥有得拚（我是聽別人說的）。

八卦：如果你不希望自己成為辦公室流言蜚語的推手，有多種選項可以讓你花最少的心力幹捨離。

菜鳥級：如果你有專屬辦公室，就把門關上；如果是共用辦公室，就買一副品質好的耳罩式耳機。只要你一直戴著耳機，想找你講八卦的人就會打退堂鼓了。

中級：先溫和地告訴同事「我不想聽」，再用手死命摀住耳朵，直到他識相走開為止，這樣應該能清楚表達你的立場。

高手級：下次如果又有人向你八卦其他同事，你可以高舉著手說：「我會幫你轉告他的！」保證可以立刻讓他閉嘴。往後你就可以耳根清靜，不會再有人敢拿八卦轟炸你。

參加凝聚向心力的公司活動：每天要跟同事一起工作就已經夠煩了，還得另外一起練習怎麼當同事嗎？

菜鳥級：活動那天休年假。

中級：活動那天請病假。

高手級：活動那天請事假。

拍老闆馬屁：我在第二章說過，你所在乎的項目當中，至少會有五件是你不需要在乎的，拍馬屁就是其中一例。只要把工作做好，你就不至於淪落到需要去奉承老闆、巴結老闆的特助，或是去討好聽說跟老闆有一腿的公關部同事。

菜鳥級：別做就對了，對於根本不屬於職務內容的事，要決定不做並不難。

中級：如果你老闆會要求你拍他馬屁，你可以找機會拍一張他跟小三的親密合照，當作小小的警告，這樣只要付出一樣的心力，就會得到更滿意的成效。

高手級：運用反向心理學的原理，採取跟內心想法相反的行為。假如工作中有些部分是你應該要在乎但又不想管的，拍老闆馬屁可能就是很方便的一招

同事的小孩：會計部同事保羅不停炫耀女兒有多棒，就只是因為她在一場小型拼字比賽獲得第五名，你可能會以為自己無法不聽？這麼想可就誤會大了。

菜鳥級：你可以抱著肚子說：「恭喜啊！我得先去一下廁所！」這個回應不失誠實有禮，保羅只會知道你離開是因為「嚴重下痢」。對了，這很適合當拼字比賽的考題。

中級：「是喔，看不出你女兒這麼聰明是遺傳誰的耶？」這樣的說法依然誠實，禮貌的程度則屬於灰色地帶，但他又不能真的說你失禮。

高手級：「很好啊，我女兒是個文盲。」這個回答不只會讓保羅安靜，還可以讓他永遠閉嘴。

企業責任宣言：你知道「無限猴子定理」嗎？卡通《辛普森家庭》曾經演過一集，郭董找

了一千隻猴子在一千臺打字機前面打字，因為他覺得只要提供足夠的時間，這群猴子就能寫出媲美狄更斯的文學巨作。基本上，企業責任宣言也是在相同情況下創造出來的東西，所以你完全不需要特地背起來，或死心塌地擁護。那些宣言號稱是結合「集思廣益」和「焦點團體訪談」的成品，其實內容只會打安全牌以免得罪人，又枯燥籠統至極。隨便讓一群猴子待在任何一間公司的董事會議室，牠們也都能寫得出來。

不分菜鳥級、中級、高手級：當你看到企業責任宣言時，別傻傻花時間想讀懂，你只需要抽個兩分鐘，想像房間裡坐滿正在打字的猴子。我相信這招對你會更有幫助。

「這又不是我的工作」：這句話其實有利有弊。當然，沒有人樂意代勞別人的工作，但當你大聲說出「這又不是我的工作」，大家可能會開始互踢皮球，最後連最簡單的任務都無法完成，導致整個專案進度落後。內衣部的夏琳沒有即時補貨內褲嗎？沒有同事想要幫忙叫貨？雖然她很糟糕，但除非女裝部門恢復秩序，不然沒有人可以下班。

菜鳥級：你先幫她做，下週一再跟主管告狀，雖然會消耗一些時間跟心力，但當她下個禮拜被炒魷魚時，你就可以暗爽了。

中級：破例幫她做（而且一樣要告她狀），但為了增添樂趣，留個紙條警告她再囂張也沒多久了。

高手級：建議大家抽籤看誰來幫她擦屁股，但要記得先隨身攜帶方便你作弊的籤。

聽同事度週末的流水帳：你有些同事可能無法相信，對多數人而言，週末的意義在於「逃離工作」跟「不用跟同事交代做了什麼」。如果你在週一到公司時被長舌的同事給纏上，聽他炫耀週末去渡假勝地玩立槳，你永遠都可以複製剛才對付保羅家拼字神童的那一招。

菜鳥級：「我先失陪了！」（抱著肚子，假裝要衝去廁所。）

中級：「呃，謝謝你讓我覺得我也像剛玩完回來？」

高手級：「我太太（或先生）去玩立槳時出了意外，就再也沒回來過了。」

出席你的績效考核會議：為了保住飯碗，你當然必須出席績效考核會議。不過開會時，你不用太認真也沒關係。為什麼我要說出這種違反認知的話呢？因為老闆早就填完你的考核表了，你只不過是去現場聽自己的宣判結果而已。

菜鳥級：想像你的老闆只穿著一條內褲。希望這可以讓你輕鬆點，而不是害你想吐。

中級：想像你的老闆穿著連身的黑色緊身衣，腳踩高跟鞋。

高手級：換上連身的黑色緊身衣和高跟鞋去參加你的考核，豁出去成為幹捨離大師！

同事是某位知名導演的鐵粉：只有一位受訪者交出這個答案。不管你是誰，我都祈禱你會成為本書的讀者。對你而言，擁有這本書就好比是捧著執行幹捨離的聖杯！我希望你的鐵粉同事也可以看到這本書，畢竟他們也很需要一番幹捨離的洗禮。你就直接跟對方把話說開吧，不要有所保留，甚至不需要顧及禮貌。拜託，快解救你自己和辦公室其他同事吧！

「工作」類的終極幹捨離：遞辭呈

讀到這裡，你可能發現了不堪的真相：你意識到自己其實討厭這份工作的一切。你瀏覽了心之倉庫、列了清單，意識到檔案櫃塞滿了心煩的項目。任憑你再怎麼用力推，都無法將櫃門關緊。你愈來愈擔心檔案櫃總有一天會倒塌，把你壓垮。

如果你面對的是這種情況，我只能叫你認清現實。只對遠端會議跟同事的小孩幹捨離是沒什麼用的，你需要的是直接換個工作，也就是實踐終極的幹捨離步驟二「離職走人」。沒辦法馬上離職也沒關係，我不是要你書看到一半，就跑去放火燒主管的名牌鞋洩憤，不顧自己下個月就會喝西北風。

我是要勸你轉念：反正你本來就需要為了薪水每天付出，不如同時也動起來尋覓新工作吧。雖然短期之內需要付出額外的時間跟心力成本，但可以換得未來長期的愉悅！一旦順利轉職，你就可以重新只在乎一個項目，為了新公司的薪水打拼，或許也能幫心之倉庫換個全新檔案櫃——你值得更好的。

第三關：「朋友、點頭之交，以及陌生人」類的幹捨離

在這邊我會用比較不同的方式說明，因為相較於其他類，**這類幹捨離項目的情況會更多元和複雜**。

俗話說，「多樣性」正是人生的調味料。

除非你換了新工作（有時就連新工作也一樣），不然「工作」類的在乎項目其實相對有限，畢竟每天都在重複相同的事；「事物」類的在乎項目多數都不具生命，所以在執行幹捨離步驟二時不需要什麼社交手腕；「家人和親戚」類的在乎項目則是年復一年都維持著相當穩定的循環，部分是因為前面討論過的過節傳統。

相較於上述三類，「朋友、點頭之交，以及陌生人」整體而言比較難以捉摸和預測。這些人在你的生活中頻繁地來來去去，尤其是陌生人，他們經常無事不登三寶殿，停車技術還很糟糕，帶著想要你簽名的連署書，以及「社區關懷」。對了，第三類的人通常會成群行動，導致我們在步驟一會容易忽略他們，因此也就很難進行步驟二。

幸好，有一件共通的人生大事，只要你有辦法掌握其中的錯綜複雜和挑戰，就能為第三類幾乎所有的往來互動，提供明確的行動綱領。

對於這項人生大事，我們甚至要用個案探討的方式進行。

這不是聊到婚禮了嗎？

我先說，我是喜歡參加婚禮的，婚宴是歡樂的喜事，更是慶祝有情人終成眷屬的慶典。我到目前為止已吃過四十二次的喜酒，都擁有很愉快的回憶。所以，當亞馬遜網站上的讀者書評又要斷章取義時，請記好了，我講的是大家都心照不宣的真理：在我們的一生之中，婚禮就是會持續、大量耗損我們的在乎成本。

用前面提過的文氏圖來看，婚禮正落在三個成本圈圈的交集處，這代表它會同時消耗我們的時間、心力以及金錢。

你這輩子參加的前幾場婚禮都是屬於新奇的體驗，你可以跟大家一起同樂，有美食、有美酒，搞不好還有拍貼機可以玩……這時期的婚禮是令你興奮的。但隨著時間過去，等你年近三十，如果有年齡相仿的親友，可能就得參加更多場。這時新鮮感已蕩然無存，次數一多，也就不覺得那麼好玩了，甚至只感到勞心勞力。當然，你還需要付出更多的金錢。再後來，你可能會動輒收到十數張喜帖，這還不包括其他相關活動，例如：求婚派對、新娘禮物派對、告別單身派對……但你每一年能運用的金錢跟能請的假，都是有限的啊！

等你到了五十多歲，你就開始需要參加朋友孩子的婚禮。這代表那些新人跟賓客你其實都不是那麼熟，而你還是得花費一樣的時間、心力跟金錢，這種情況可能會一直持續到你七十多歲才結束。

勇敢地正視這件事吧，不是每個人邀請你去參加他們一生一次的婚禮時，你都非得答應不可。說「不」並不羞恥。

為了要參加朋友（或他們的孩子）的大日子，你經常必須做出一些犧牲。當然，通常你都很樂意付出。但有時候，婚禮的地點路途太遙遠，會對你造成負擔；有時候，十幾個性質相近的活動都一起來，你的行程實在太滿；有時候，你跟他們的交情其實沒那麼好；有時候，你可能就是基於其他完全合理的原因，沒有那個心情或是真的無法出席。

大家都是心有戚戚焉的過來人，雖然我可能是唯一敢用白紙黑字承認的。而對於像我一樣已經覺醒的開悟者來說，參加婚禮就等同於去現場狂喝一波，也很適合找機會搭訕看順眼的對象。

參加婚禮的舊在乎成本、新在乎成本、借來的在乎成本

第三類可以幹捨離的項目包羅萬象，婚禮之所以很適合拿來當作個案探討，是因為他會讓你一次就跟朋友、點頭之交、完全不認識的陌生人交手。

如果是籌備自己的婚禮，為了搞定自己這邊的人，付出在乎成本是合理的；而你還得顧到另一半那邊的親朋好友，這更加令你焦頭爛額，那也就算了。但是，即使是你朋友的婚禮，大家還是會期望你在乎相關的大小事，每一件事都可能跟你朋友的親朋好友或是誰誰誰有關，而他們當中有很多人都跟你沒什麼交情，甚至素昧平生。

為了吃喜酒，你還會需要付出一小段期間（或是更久）的時間成本，並投入足夠的金錢成本，來幫你連名字都記不太起來的小國拚經濟。有可能是飛到南太平洋小島參加一場小而美的溫馨婚禮，也有可能是去西太平洋小島出席一場盛大隆重的婚禮。

你不想為了婚禮晚宴上的回顧影片秀繳交照片嗎？對這件事說「不」應該是你的權利，但就是會影響到你要結婚的朋友，他一定會發現少了你們三年級萬聖節時扮裝的照片。除了新人不開心之外，還會影響到要負責影片的倒楣鬼，為了填滿鐵達尼號主題曲〈我心永恆〉的播放長度，他必須想辦法湊到足夠數量的照片。

對了，受影響的人可能還有新娘的媽媽，因為沒有一件事是不會影響到媽媽的。

你不想遵守朋友婚禮的服裝規定嗎？假如婚禮是在八月中，地點是在華盛頓特區鄉村俱樂部，規定賓客要以「半正式的創意夏季風格裝扮」出席。當然，你可以拿出「管他去死！」的氣魄，照樣套上超級休閒的輕便連身褲前往，但這代表你可能會背負三樣風險：第一，你會把新人的親友們嚇壞，第二，你會毀掉至少兩張婚禮照片，第三，看到你穿這麼舒服，會導致其他人羨慕忌妒恨，可能會有人「不小心」把手上的酒潑到你的褲子上。

對婚禮採取幹捨離的第二步時，應該要非常小心，才能達到「不抱歉的清理法」的最好效果。儘可能降低害新娘當場淚崩、朋友跟你絕交，以及積欠卡債的機率。你要戒慎恐懼，就如同需要穿上防護衣一般。

一旦你有辦法巧妙拿捏誠實跟禮貌的分寸，用最小的心力成本來應對婚禮，這就代表你成功踏上幹捨離之路了。從今以後，你都能獲得最大的愉悅，還能降低心煩。這不僅適用於每場出席（或不出席）的婚禮，**更可以應用在日常生活當中**。

沒錯，對其他人的婚禮運用「不抱歉的清理法」，就等同於幹捨離的高階練習課。

在下面，我會詳細說明四種常見的婚禮情境題。當你在未來某天遇到時，你可能會想要完全不投入在乎成本，或是希望至少能節省一些在乎成本。這些情況都會考驗決心，挑戰你是否能確切實踐「不抱歉的清理法」，並促進你更加大徹大悟。每一個情況都使用了「禮貌VS誠實的象限圖」來說明，黑點旁的示範回答，對應了誠實和禮貌的相關程度。你可以一眼就找到，為了達成期望的幹捨離目標，如何搭配「不抱歉的清理法」進行高強度的操作。同時，你也可以看到哪些回應屬於不明智的做法，會讓你掉進王八蛋象限的危險地帶。

朋友婚禮選定在連假舉辦

情況說明：你的朋友要結婚了，時間卻偏偏跟你固定度假或年度家族聚會撞期。或許連假是這對新人唯一能從工作脫身的時間，可能他們剛好都是老師。又或許他們覺得大家會很開心可以把多放的那一天假，用在出席他們的婚禮（有這樣的想法是滿可愛的）總之，現在你必須選擇要把在乎成本花在哪裡，是要前往你已經盼了一整年的假期，或是到遠方出席婚禮，連吃三天鮭魚，被迫跟其他賓客瞎聊？你的目標是要按照原定計劃去開心度假。

你該怎麼回覆對方？

偏偏挑在連假舉辦的婚禮

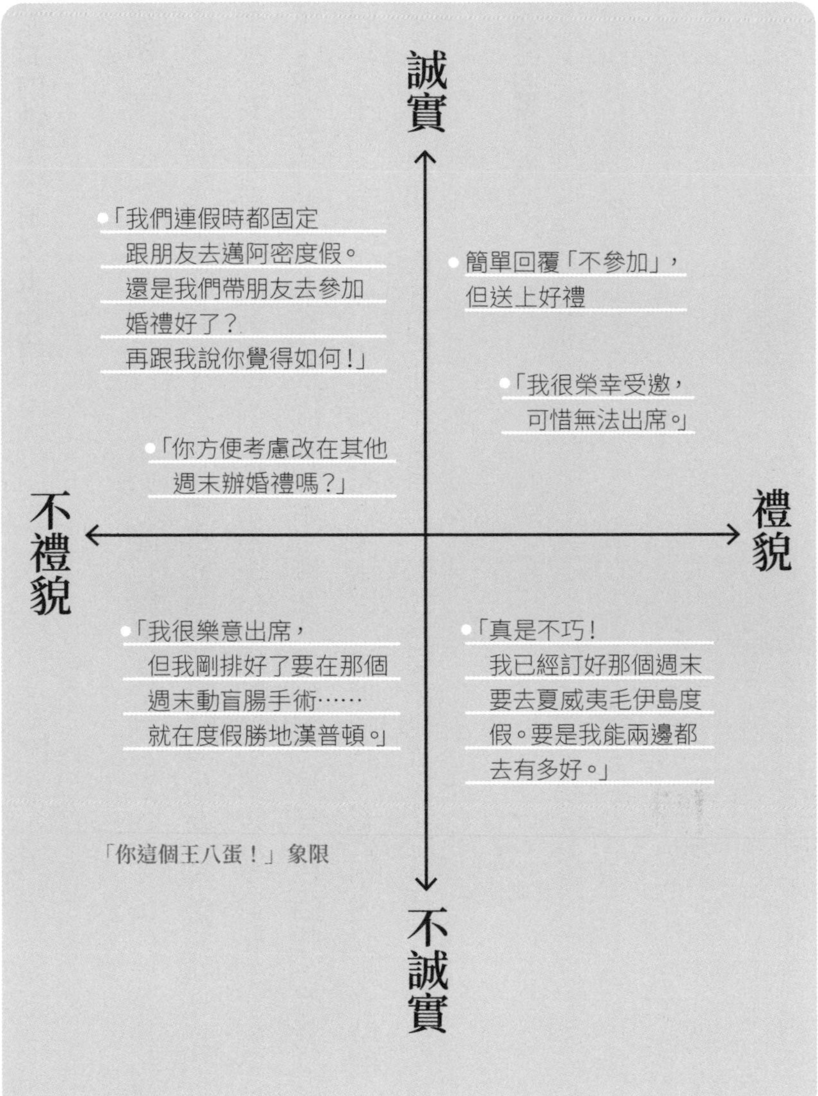
誠實
不誠實
不禮貌
禮貌
「我們連假時都固定跟朋友去邁阿密度假。還是我們帶朋友去參加婚禮好了？再跟我說你覺得如何！」
簡單回覆「不參加」，但送上好禮
「我很榮幸受邀，可惜無法出席。」
「你方便考慮改在其他週末辦婚禮嗎？」
「我很樂意出席，但我剛排好了要在那個週末動盲腸手術……就在度假勝地漢普頓。」
「真是不巧！我已經訂好那個週末要去夏威夷毛伊島度假。要是我能兩邊都去有多好。」
「你這個王八蛋！」象限

告別單身派對的地點很遠又很花錢

情況說明：為了出席朋友的婚禮，你跟另一半已經砸了好幾百甚至幾千美元，還用掉寶貴的年假，畢竟這可是他們的大日子！結果，新郎和新娘告別單身的派對卻都是挑在你們必須再支出機加酒費用才能參加的地點。假如分別是在拉斯維加斯跟蒙特婁舉辦好了，如果他們是你這輩子最要好的麻吉，而你不惜刷爆信用卡都想共襄盛舉，那你就行動吧，畢竟這是你在乎的事情。不過，為了示範「禮貌VS誠實的象限圖」如何運用，我們來假設你在時間、心力、金錢上都無法付出，而你自己也不想參加，又不希望讓別人留下你是爛人的印象。

你該怎麼回覆對方？

告別單身派對的地點很遠又很花錢

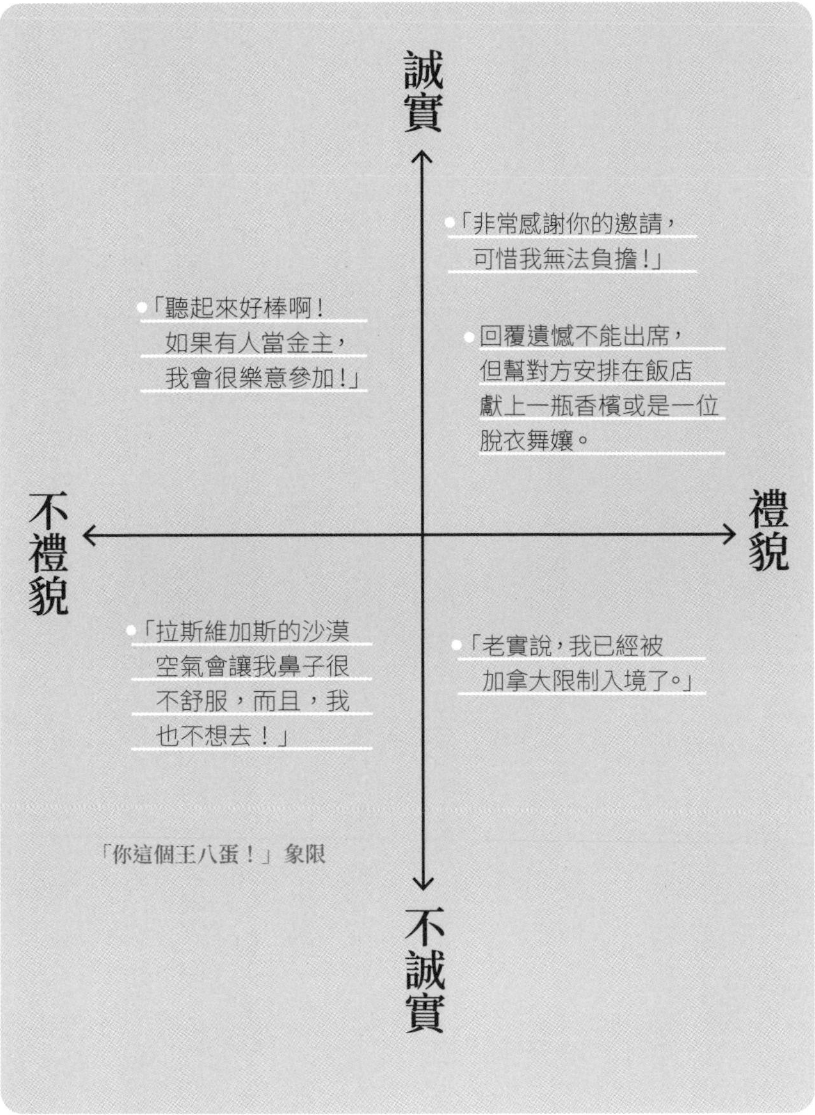
誠實
不誠實
禮貌
不禮貌
「非常感謝你的邀請，可惜我無法負擔！」
「聽起來好棒啊！如果有人當金主，我會很樂意參加！」
回覆遺憾不能出席，但幫對方安排在飯店獻上一瓶香檳或是一位脫衣舞孃。
「拉斯維加斯的沙漠空氣會讓我鼻子很不舒服，而且，我也不想去！」
「老實說，我已經被加拿大限制入境了。」
「你這個王八蛋！」象限

安排了N個娛樂活動的婚禮

情況說明：你朋友的未婚妻是靜不下來的過動兒，她們一家人都是坐不住的類型，要是叫她們坐著不動，她們就會開始唉聲嘆氣。因此，你收到的喜帖還附上了活動小冊，像是晨間瑜伽、獨木舟、爬山、比手畫腳遊戲、新娘跟新郎親友團對決的槌球比賽。對你來說，參加太多活動除了會毀掉理想的週末之外，還會讓你的荷包大失血。你只想在婚禮所在的度假勝地預約SPA服務，再愜意地打場高爾夫球，但不想早上八點就得跟一群亢奮的陌生人會合，心不甘情不願地玩尋寶遊戲。

你該怎麼處理？

安排了 N 個娛樂活動的婚禮

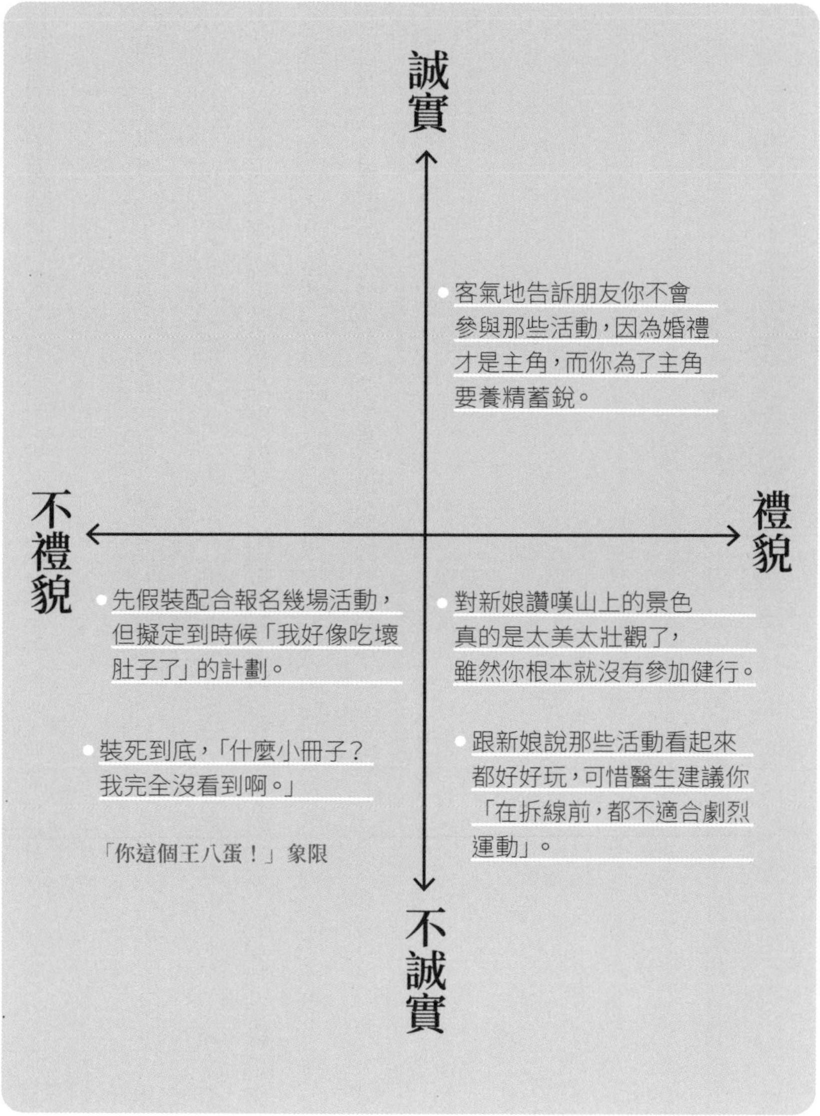
誠實
不誠實
禮貌
不禮貌
客氣地告訴朋友你不會參與那些活動，因為婚禮才是主角，而你為了主角要養精蓄銳。
先假裝配合報名幾場活動，但擬定到時候「我好像吃壞肚子了」的計劃。
對新娘讚嘆山上的景色真的是太美太壯觀了，雖然你根本就沒有參加健行。
裝死到底，「什麼小冊子？我完全沒看到啊。」
「你這個王八蛋！」象限
跟新娘說那些活動看起來都好好玩，可惜醫生建議你「在拆線前，都不適合劇烈運動」。

毫無吸引力的婚禮免費早午餐

情況說明：很多婚禮在隔天都會供應早午餐，來幫這個週末畫下完美的句點。供應時間通常是在飯店退房之前，偏偏這個時段至少有一半賓客都還在嚴重宿醉。你打算要在前一天的婚宴喝掛，然後隔天儘量睡到飽讓宿醉退散，再趕搭票價昂貴的班機回家。你也想避開新人的親戚，畢竟前一晚你可能醉到亂跳蕾哈娜的舞步，在他們面前大出洋相。你不想一邊跟他們大眼瞪小眼，一邊啃著只有烤土司加蛋的簡陋早午餐。

你可以怎麼脫身？

毫無吸引力的婚禮免費早午餐

誠實

- 回應不參加。但你要做的並非勾選「不參加」的空格，而是在上面直接劃掉，另外寫上「附早午餐也收買不了我」。
- 回應「參加」，後面加上星號標註「前提是酒可以免費喝到飽」。
- 完全不回覆，因為你覺得雖然有可能會參加，但也覺得別讓人家抱太大期望比較好。
- 回應「不參加」，旁邊畫上表示傷心的哭哭小臉。

不禮貌　　　　**禮貌**

- 你知道不會去，但還是回應「參加」，之後再推託「噢，我忽然頭痛」。
- 回應「不參加」，跟他們說需要趕搭七點的飛機。萬一當天你被逮到在中午十一點五十九分才退房，再臉不紅氣不喘地回說班機延誤就好。

「你這個王八蛋！」象限

不誠實

我由衷相信這個練習很實用，也希望能幫助到你。我設計「禮貌VS誠實的象限圖」的用意就是要證明，**「不抱歉的清理法」不僅很好實踐，還可以靈活變通**，適用於不同的對象，也可以看情況用在不同的地方。

唯一需要當心的就是別落入「你這個王八蛋！」象限，除此之外，你大可放心採取符合自己意願的行動。

想退縮時，你需要重新制定個人原則

對於婚禮或是生活中的其他情況，如果你待幹捨離的清單落落長，而且誠實跟禮貌的額度開始愈來愈少，可別忘了，你還另外擁有**制定個人原則**來對付朋友、點頭之交或陌生人的選項！這當然也不能過度使用，不然大家就會開始看穿你的伎倆。把個人原則想成是足球教練要你負責開球的情況，你想要出其不意，而且讓對方無法防守，只要你做得正確，就足以成為改變局勢的關鍵。

第四關：「家人和親戚」類的幹捨離

第二章提過，在我做的問卷調查當中，「家人和親戚」類有很多重複的答案，會出現的相關問題我們差不多也都探討過了。只不過，當時我先略過了一個主題。

事實上，對這個主題「避而不談」正是導致家庭關係出現裂痕的部分原因。你猜到是什麼事了嗎？沒錯，就是**「繼承遺產」**。

別太驚訝，畢竟「繼承遺產」牽涉到所有我們在步驟一和二學過的工具和行動。複習一下，在步驟一，要判斷你的選擇是否會影響其他人，辨識**感受**和**看法**的差別，列出整體的在乎預算表，了解受到義務感和罪惡感驅使是不健康的。而在步驟二，則要保持誠實有禮，避免當個王八蛋，還有在遇到特殊情況時，破例當一下壞人也無妨。

無論繼承的是現金或物品，這項議題總會導致我們無止盡地付出在乎成本，耗費時間和心力在爭論抱怨誰可以得到什麼、誰值得什麼，或是反過來，也有可能是誰不想要什麼、誰不應該獲得什麼。

然而，對於「家人和親戚」，許多受訪者都回答自己根本不在乎繼承什麼遺產。這可有趣了。

我的猜想是，無論是對哪種人際關係而言，金錢都算是大家公認極為複雜或禁忌的話題。所以，就算有受訪者確定自己沒興趣跟五位兄弟姊妹平分爺爺收藏的珍貴郵票，卻會願意在匿名的問卷調查特地提到這一點，這有可能是因為他們無法對家人徹底實踐「不抱歉的清理法」。

繼承遺產永遠是個難解的問題。如果那些宣稱不在乎遺產的親戚，都能夠把話說清楚講明白，而且也言行一致，我們就可以專心享受彼此相伴的家庭時光，並欣賞自己分到的珍稀反字天鵝圖樣郵票（雖然之後就會開始惋惜「可惡，要是我有一整套多好！」）。

很深奧對吧，我懂。

發給自己補償的獎勵！

在第二章我說了，對於家人和親戚，有些在乎成本是無法討價還價的；但我也說過，我會告訴你如何在不盡理想的情況下，儘量取得對自己最好的結果。所以，如果你完成了步驟一中**決定要幹捨離的項目**，但你很清楚要實踐步驟二的**落實幹捨離**是不可能的，例如你媽會竭盡所能阻止你之類的。在這種時候，你可以考慮繼續付出在乎成本，但要提供自己補償的獎勵。

比方說，如果你無法避免過節時要跟家人團圓，你可以幫自己預約隔天好好按個摩，這樣你就有心動的事可以期待了。更棒的做法是叫家人幫你出按摩費，當作是佳節心意的表現，這樣等於是家人償還了你的在乎成本，這主意很不錯吧？！

（#專家建議：你可以把回程班機升等到頭等艙。參加讓人心累的家族聚會，由家人幫忙買單昂貴的機票，對你也不失為到位的補償。）

比方說，如果你不得不出席你媽的扶輪社午宴，在那邊從頭呆坐到尾，看她獲頒社區貢獻獎，因為她幫你一成年就立刻搬離的鳥地方做了不少事情，那你就先回老媽家偷幾顆頭痛藥備用吧。

比方說，如果你真的沒辦法拒絕拍攝全家福，那就下定決心在拍照那天，穿上你最奇特或搞笑的內衣，我保證拍照時你就會覺得沒那麼難以忍受了。等到這些照片開始在你的臉書動態出現，看到別人留言「一家子都是俊男美女！」「沒想到他們長這麼大了！」你就可以默默竊笑，因為知道自己裡面其實穿著「毒藥搖滾樂團在此開趴」的內褲。

最常見的幹捨離提問

總之，在本節我要來處理常見的幹捨離提問，這些都是我跟別人聊「不抱歉的清理法」時最常碰到的疑問或懷疑，我相信這些問題也時常浮現在你腦海，連你在清單上開心劃掉「管他去死！」的項目時也不例外。我懂你的感覺，你才剛做出要幹捨離的重大決定，但是要你真的付出行動，又是另一回事了，畢竟，在你腦中的舒適區默默幻想，絕對比待在家吃節日晚餐時大聲宣告「我要幹捨離」來得簡單。聽我的忠告，既然此刻你已點燃鬥志，就應該打鐵趁熱。「當下」就是最好的開始時機，好好整頓你的在乎成本，開始活出你的理想的生活。

我在下面收錄了跟步驟二有關的常見提問，可以讓你在執行時感到自在一些。

問：對別人說「管他去死！」感覺好沒有禮貌喔！你不覺得這樣滿失禮的嗎？

答：如果這句話讓你難以啟齒，你不需要真的說出口。你要表達的是自己心意已決，不想再花時間、心力、金錢在某件事上，採用不痛不癢的說法即可，例如：「這件事我跟你的看法不同，但你做你自己就好！」我是覺得這種講法比較嚴肅，沒那麼好玩，但那是我個人在乎的事，你可以不用管我。

問：我擔心如果幹捨離太多事，我會上癮、變成懶散的人，生活中不再有在乎的人事物。

答：會這樣擔心是很自然的，但「不抱歉的清理法」的目標並不是讓你就此#零在乎（這是個有趣的 hashtag，雖然有點不切實際），而是跟那些無法令你心動的項目分手，你就能跟由衷在乎的項目多相處。

問：如果幹捨離可以讓人獲得解放，為什麼我會覺得這麼不自在？

答：不穿衣服也一樣讓人感到解放，但同時也可能會不自在，畢竟這個社會還沒準備好面對其他人光著屁股。你需要的就是多些信心，拭目以待成果。

問：我要怎麼向媽媽解釋這一切？

答：送她這本書啊！我就打算寄一本給我媽。

問：雖然妳說的每件事都很有道理，但我很清楚在——這件事情上，我是無法減少付出在乎成本的。

答：我唯一能告訴你的就是：你沒親自試過，一切都很難說。還記得我在一開始提到的事嗎？他聽到我問可不可以幫他整理放襪子的抽屜時，還懷疑我是不是失心瘋……但你看看後續的發展！

問：萬一我決定要對某件事幹捨離，也真的執行了，後來卻又反悔該怎麼辦？

答：你只是想拖延！

問：對於我所在乎的事，我不希望聽到別人說「管他去死！」，所以，我要怎麼對別人覺得重要的事說出這種話？

答：好，我換個方式來反問你。如果你知道某人其實不想做某事，難道你會希望他只是出於義務感或罪惡感，才勉強去做嗎？答案應該永遠都是否定的，否則你就是個混帳。況且，假如對方無法對你自在坦承，你就永遠無法知道他的真實感受。這運用在你身上也是一樣的道理。這正是為什麼採取步驟二是一把魔法之鑰，可以為大家啟動改變人生的魔力。

從所付出（或不付出）的在乎成本，得到更好的成果

容我再次重申，「不抱歉的清理法」的目標非常重要，意義也很深廣，它代表的絕不是只有擺脫心煩的事項而已，而是讓我們重獲自由，進而用更有品質的方式對待讓我們心動的人事物，讓一切更好。

第三章的重點，主要是讓你停止繼續付出無意義的在乎成本，接下來，你就可以準備好享受伴隨而來的收穫：獲得更多時間、心力、金錢，用於你在乎的任何事。

現在，讓我們一起朝第四章前進，見證改變人生的魔法將會如何運作……

第4章

翻轉人生的幹捨離魔法

到目前為止，在練習「不抱歉的清理法」的過程中，你已經學會了不再管別人怎麼看你；擁有了妥善配置在乎成本的卓越技能；還列出了兩種重要的清單：一種是要堅定幹捨離的項目，搭配好用的實踐原則，另一種是你真心在乎而且將能有效管理的項目。

你可能因此多了幾百個小時，這些時間成本先前都耗費在無關緊要的人事物上。只要你的執行方式並無不妥，你應該還沒被炒魷魚，其他同事也還沒有討厭你。你已經沉澱釐清自己對某些事物的感受（例如：義務感、酒吧益智問答賽、冰島之旅），斷開一些你其實沒多喜歡的朋友，也避免交到不需要的新朋友。不僅如此，比起剛開始看本書時，你還可能變得更加誠實有禮，這可是CP值超高的附加收穫！

你已經相當接近我在第一章提過的開悟者狀態。藉由好好整理自己的在乎事項，告別心煩的項目，找出讓自己最愉快滿足的人事物，你正在活出你的理想生活。

說到這一點，第四章還收錄了其他適合你付出在乎成本的項目，畢竟你現在可是多了不少時間、心力以及金錢。這些事項都能為你開啟嶄新的心動世界！

每幹捨離一次，你就賺到一次

在第三章，我推薦你透過視覺化的方式，幫助自己**看見可能會有的收穫**，就能更加篤定執行步驟二。如果這個階段你已經搞定，現在就很適合**用數字檢視你獲得了什麼**，我相信你會感到欣慰滿足，更有動力！

前面提過，通常大家贏回的第一種收穫是**更多時間**。你不用再趕開遠端會議，可以坐在馬桶上發呆想事情。你可以研究甜點，變身甜點達人去參賽拿金牌。你可以不用再把美好的週日下午花在啃讀書會的指定讀物；你還可以多陪伴心愛的家人親友，不用再跟生命中的過客瞎混。

計算一下，到目前為止你賺回了多少時間？十分鐘？三個小時？還是每個月都多了一個閒暇的週末？沒錯，又到了列表時間！

不抱歉的清理法會帶給你的第二種收穫是**更多心力**。小到睡個香甜的午覺，大到完全不再從事某個活動。你可以翹掉被朋友逼著報名的健身課，把省下來的體力用在真

幹捨離讓我賺回的時間

放棄的活動	收穫
例如：看 MTV 音樂大獎的頒獎典禮	兩個小時
____________	____________
____________	____________
____________	____________
____________	____________

幹捨離讓我賺回的心力

放棄的活動	收穫
例如：跟同事在「週一酒鬼日」喝到掛	週二上班時不會宿醉到厭世

正想做的事上，例如清理你的車廂。

最後一種收穫就是**更多金錢**，美國作家羅傑斯（Will Rogers）說得好：「太多人都在透支購買自己沒那麼想要的商品，只為了想讓自己沒那麼喜歡的人留下好印象。」金錢相對好量化，當你檢視「不抱歉的清理法」帶來的財務收穫，可以看到具體的成效，讓你更有成就感。比方說，你幹捨離了名牌服飾（不再在乎別人怎麼看你正是其中一個原因），一年可能會省下好幾百或好幾千美元。我認識的許多女孩都飽受壓力，尤其是在都會區的人，她們都覺得必須砸大錢穿名牌，才不會讓自己顯得格格不入。事實上，用一半的價錢就能買到的衣服也很漂亮，而且也能穿得很開心。

或者，假如妳住在郊區，妳下定決心幹捨離，不再每週日專程開車去參加六歲小姪子的足球賽，因為他真的沒有當足球明星的天分，無法在二〇三四年的世足賽

幹捨離讓我賺回的金錢

放棄的活動	收穫
例如：在拉斯維加斯舉辦的告別單身派對	一千美元

弄到免費門票。這時，除了時間和心力，妳還省下了油錢！每加侖二點五美元的油錢省下來也是滿好用的，該買一副新的平價墨鏡了。

補充一下，有時為了扮演稱職的朋友並獲得心靈平靜，花一點錢是免不了的。在不去單身派對的這個例子，你可能會想快遞給朋友一份小禮，這時，獲利的計算公式如下：一千美元（你所省下的總成本）－兩百美元（補償用小禮）＝八百元（淨利）。這數目還是挺可觀的對吧！

沒錯，通往大徹大悟的道路上，滿布的正是你重新擁有的閒暇時間、充沛的活力，以及回歸荷包的錢。

在乎的事會影響你的身心靈

幹捨離的優點還不指這樣，你可能沒料到，光是進行幹捨離，**就同時有益於你的生理和心理健康狀態！**

你得到的絕非只有時間、心力和金錢，你也會更認識自己，更有信心，像孩子一般對生活滿懷熱情。而且，你還讓自己免於頭痛，減少了胃灼熱、焦慮和反胃噁心的不適感。還記得你決定不去IT部門同事提姆的歡唱派對嗎？要是去了，想想隔天你的宿醉會有多嚴重，因為你整晚都在灌酒麻痺自己，免得自己一把搶走提姆手上的麥克風，再用麥克風線勒死他！相信我，隔天上班時，你說有多狼狽就會有多狼狽。

但只要拿出「管他去死！」的氣魄幹捨離，你不會整晚淺眠，不會頭痛，隔天早上簡報時不會口乾舌燥，也不會覺得每分鐘都像一輩子這麼漫長，一直在倒數還有多久才能午休，也就不會因為在桌上補眠而落枕……。從這個例子的成本效益分析看來，你能獲得的報酬可是不容小覷：

下班後，你會有更多的時間做真正想做的事。你可以只穿內衣賴在沙發上耍廢，一邊吃著果醬吐司餅乾，一邊收看《極限體能王》。

你已經決定好，比起跟提姆一起唱卡拉OK，看《極限體能王》還比較愉快。而你也採取了行動，因為**你不再在乎提姆或別人會怎麼看待你生活中的優先序**。

你在早上會更加精神飽滿，可以好好做自己由衷在乎的事，像是幫自己好好除毛，而且不必擔心弄傷自己；要是你一邊宿醉一邊除毛，後果可是不堪設想！

你還省下了酒錢跟原本要訂披薩當宵夜的錢，不然你本來會墮落到狂嗑披薩，再把酒喝個精光。

等到午休時間，你可以在休息室悠哉吹著口哨，同事則只能窩在辦公桌上補眠。在這光明美好的一天，你還可以搞定更多的工作，畢竟同事都在嚴重宿醉，不會來吵你。

接下來，**我們一起看看光是幹捨離，還能進一步為你的身心靈帶來什麼好處**。

身（身體）

前面討論了你額外付出的在乎成本會導致宿醉的後果，我們還沒聊到，其實額外付出的在乎成本也會對身體造成實質傷害。

有個慘痛教訓我現在還記憶猶新。有一天早上，我沒有準時出門趕地鐵，在家多待了十分鐘，就為了跟老弟用手機PK拼字遊戲，我知道上班快要來不及了，但只要想到可以在遊戲裡痛宰他一頓，我就覺得超爽。

想也知道，等我終於抵達月臺，車子正要從我面前開走。我邁開雙腿狂奔，當時我腳上穿的是高跟鞋（我那時還沒對高跟鞋幹捨離）。結果呢？我不但還是以幾秒之差錯過車子，還扭傷了腳踝。我汗流浹背，喘得像條狗，心情也頓時差到極點。

發生這件事過後，我就果斷地把「用跑的趕地鐵」加入「管他去死！」的幹捨離清單了，從此省下了去復健科報到的大把醫藥費。

心（心智、大腦）

比起整頓生活空間，清除內心的雜物更加容易，畢竟不會受到天花板或牆壁的邊界限制。幹捨離後，你頭殼裡那些黏糊糊的灰質還在；但占據各區域的無形負面雜質，像是焦慮、擔心、慌張以及恐懼，就都可以淨空，比迎接教宗造訪的教堂更加乾淨！幹捨離對心理健康有無盡好處，效果還能延續終生。

打個比方，我們來想像一下幾十年後的你。假設你今天就決定對做禮拜幹捨離，把每週日上教堂的心力改成奉獻給報紙上的數獨遊戲，就能讓未來的自己免於阿茲海默症，感恩讚嘆！大腦的平靜可是用錢也買不到的。

靈（靈魂）

你可能會覺得這段有點怪力亂神，但忍耐一下，雖然不是每個人都相信「靈魂」的傳統含義，也就是在我們的身體之外，也存有靈體；但我相信大部分人依然能了解「靈魂破碎」或「靈魂毀滅」這類詞彙傳達的概念。當我們用靈魂破碎或毀壞來形容一件事，就代表它會對我們造成深層的傷害，甚至是傷害身體的細胞。這裡指的不是單純占據行事曆或榨乾心力的事項，而是專指會嚴重限制我們身心自由的活動、任務或是其他人。

沒錯，我認為「自由」正是「靈魂」的同義字。藉由幹捨離所有錯誤的人事物，只對讓你真正快樂的事付出，你所獲得的那種自由，簡直就像——容我大膽借用某些人會使用的詞彙——「靈魂受到認可」一樣。

「管他去死！」的另一個說法

「不抱歉的清理法」是積極有為的，你需要主動決定是要付出在乎成本，還是幹捨離。

即使你在步驟一決定了不再對某事付出在乎成本，步驟二還是需要你在實際上有所作為，像是婉拒邀約、拒絕出席會議，或是向他人解釋你最新的個人原則。當然，你也會決定開始對某些項目付出在乎成本，它們一樣會消耗你的時間、心力或金錢，但這時你是心甘情願的。

而在幹捨離時，除了「管他去死！」其實還有另一種比較被動的說法，不論是長期或短期來看，也都有類似的轉化效果，就是在心裡重複說著：「不值得！」

這招很適合運用在跟你有交易行為的另一方，例如用來對付你的老闆或是第四臺業者。他們可能本身個性機車，或是極度無能，而你又拿他們沒辦法。你可以選擇大發脾氣，然後承擔血壓飆高、丟了飯碗，或是看第四臺時都會莫名其妙斷訊的後果。這些後果無法帶給你任何好處，畢竟你的小小心願可能就是白天上班混口飯吃，下班後可以回家休息，愜意地觀賞體育轉播。

遇到討厭的老闆或第四臺業者，你會容易因為憤慨，成了發火爆炸後的犧牲品。生氣並沒有錯，但這個狀態會讓你消耗不必要的在乎成本，把在乎成本花在虛偽老闆或低能業者身上，是很不划算的交易。與其讓這些壞東西耗損你的精氣神，不如別再跟他們計較。

在心裡告訴自己「不值得！」然後就放下它吧。

向他人散播幹捨離之道

在人世間成為少數已覺醒的一份子，你終究會將這份開悟後的智慧散播給周遭的同伴。很多人聽到我宣揚「不抱歉的清理法」多麼神奇時，就馬上立志要轉變。受困於無意義紙本流程的同事看到了一線曙光；朋友終於對假日的行程做出更明智的安排；甚至連我自己的爸媽也加入了幹捨離行列，他們非常引以為傲。

我做這些倒也不是以幫助他人為出發點，我才不在乎那些利他主義的屁話，單純是因為我自己高興！這麼說吧，幹捨離可以為當事人帶來快樂，幫助他人進行幹捨離則會快樂好幾倍。

我還有一個宣揚幹捨離的動機：如果每個人都能在乎得少一點，就可以愈來愈開心、愈來愈健康，世界就可以變得更美好……我指的是，對我來說更美好。

弄清楚「你放下什麼後，依然可以好好過活」

這也就是指弄清楚「你打從一開始就不必在乎的事」。

學習斷捨離還有個絕佳的附加好處，隨著你接受過幾次常識的後果或是「成長的痛苦」，你會漸漸找到步調，不會在事後懷疑自己是否做錯了決定。這能大幅減少你質疑的時間，以及伴隨而來的高度焦慮。**猶豫不決跟焦慮總會大幅消耗你的在乎成本**。

也就是說，「不抱歉的清理法」提供給你方法和思考面向，讓你從不同的觀點面對人生，輕鬆快速地評估各種狀況後採取相關行動。你可以重新擁有時間、心力和金錢，投注在其他的在乎項目。

最棒的一點是：**你會發現，你所斷捨離的那些人事物，不見得要以相同數量的項目來填補**。

一旦你開始大量告別無法帶給自己快樂的人事物，開始在乎一些會讓你開心，但之前被忽略的項目，你甚至會發現：**生活中其實不需要這麼多東西**。比方說，你捨棄了一共四十七個項目，不代表你需要用以往忽略的四十七項任務、事件、人以及嗜好來填補。

我不確定你的情況如何，但對我而言，要把每天二十四小時都塞滿自己在乎的人事物，根本是不可能的任務。

也就是說，我平常就能享受很多放鬆的時間，這感覺只能用一個字來形容：爽！

值得付出更多在乎成本的五件事

到目前為止，我們都在探討如何幹捨離一件不在乎的項目，來交換做一件你真正在乎的事，像是不顧一切在五點準時下班，好趕上道奇隊的第一局比賽；或是婉拒參加你朋友的實境秀最終集派對，才能一邊大吃多力多滋，一邊把這本書看完。對於很多情況，甚至每天的生活來說，這些獎勵不僅很合理，也會改變你的人生。

不過，只要你對「不抱歉的清理法」愈來愈純熟，你可能就會更加樂意、更有能力，甚至是更迫不及待地進一步運用這個方法，**你會看到魔法是可以發揮更大效用的！**

社群媒體上經常會流傳一些傳達「早知如此，何必當初」的勸世文，像是「退休長輩給年輕人的二十個建議」，或是「臨終病患死前最後悔的幾件事」，但你可能會想：「沒差啦，還有好幾十年的時間才輪到我需要擔心這種事。」

事實上，除非有哪個受人敬重的名醫能預測一個人的死期（有時這也超出他們能力範圍），不然就像莎士比亞筆下的哈姆雷特說的：「沒有人能知道我們何時會脫離人世間的紛紛擾擾。」這很無奈，卻是不爭的事實。搞不好明天我們出門時，會忽然被半路殺過來的車輛撞飛、會遭受兇惡的野狗群襲擊，或是被某個陰森的小丑給嚇得心臟病發。

人生無常，難道你不想要讓當下的每分每秒都過得有意義嗎？

有時候這代表我們需要對新項目投入更多在乎成本，來取代目前占據生活的瑣碎事項。為了幫助你達成這個目標，我主動上網做了功課，看遍各式各樣「千金難買早知道」的文章，精心挑選了人們最常提到的五項缺憾，也就等於「五個你應該付出更多在乎成本的項目」。運用「不抱歉的清理法」後，你可能已經發現了有哪些短期的實質收穫，但可別搞混了，這五個你應該付出更多在乎成本的項目不同，是屬於**長期目標**。多數人在日常生活忙於其他事情，很容易會忽略要關注這些長期目標，導致無法挽回的後果。

以下就公布這五個項目，順序隨機：

一、旅行

當你成功對某個義務幹捨離後，幫自己安排能四處走走的行程是個不錯的獎勵，但這邊指的不是這類小旅行，而是指「真正的旅遊」，也就是長途旅行。你應該要擁有造訪世界上其他國度的渴望，長途旅行應該要在你的生活中占有一席之地，而不是每半年跟幾個好友到加州某個湖畔度個週末就了事（雖然這種小旅行也不賴）。

二、注重健康

有些人認為運動的用意在於消耗熱量或汗流浹背，老實說我才不在乎。我也認為不是你今天有辦法做好幾下深蹲，就代表自己很健康。真正的健康，應該包含了多項重點目標，像是睡眠充足、保持心情平靜，或是別跟影集裡的女主角一樣，面對壓力時就會想一口氣嗑光整個起司披薩（這種想要大吃發洩的慾望我並不陌生，不知道你是否有同感。）

三、學外語

羅馬不是一天造成的，你也無法一小時就精通義大利文會話。即使翹掉公司煩人的團隊活動，把那一小時空檔拿來學義大利文，你也還是無法跟義大利人流暢交談。雖然你可能並不想學義大利文，沒興趣讀詩人但丁的原文作品，但有一點值得注意的是：有不少「這輩子的遺憾」，像是參加馬拉松比賽、自己種菜等等，這些類似學外文的心願都很容易被我們無限期延遲，畢竟大家都會覺得「c è sempre domani（永遠都還有明天可以實現）」。

四、退休後的理財規劃

或許你並不在乎自己老後無法照常上班，不再有穩定的收入。如果你想奉行「今天有錢今天花，退休沒錢也沒差」的及時行樂哲學，這是你的自由。只不過，我看到很多六十多歲人士的感想是真的有差，所以我只是加減提醒你。

五、學會一項派對雜技

如果你是已覺醒的開悟者，順利揮別了工作、朋友、家庭類的義務，並選擇把每週多出來的幾小時都用來練習丟火把這類雜技，並非為了什麼特別的理由，單純只是「因為我爽」，恭喜！這代表你正式晉升人生勝利組了。

做自己，最自在

或許你本身是宅宅，或是運動狂，又或者你跟我一樣有嚴重的肢體障礙，所以永遠學不會雜耍，這些都沒關係。重點在於：對於以上的項目，或是其他人在乎的其他事項，你其實都可以不用在乎。

而對於我的建議，你想聽也好，但不聽也沒差。

本書所推行的哲學，其目的只是為了激勵你，讓你有所啟發，而不是專制地要你墨守成規。比方說，我對於唱卡拉OK的排斥，至少會有一半的讀者不認同；而有些認識我本人的讀者可能還會很困惑，因為他們看過我在萊姆酒跟同儕壓力的雙重影響下，扭腰擺臀地唱著喬治麥可或瑪丹娜的歌。那又如何？我當下就是做我自己，而你也應該做你自己！

在我催生這本書的期間，我收到的反饋不只來自上百位素昧平生的匿名受訪者，也來自我身邊的親友，以及工作的夥伴，像是出版經紀人、出版經紀人的助理、編輯、公關和出版社其他同仁，甚至還有幾個陌生人，他們剛好在對的時間出現在對的地方，才會跟我相遇。透過與許多人的對話，我發現了每個人通往覺醒的路徑截然不同，對於在乎和不在乎的項目，也各有不同的組合。讓某個人心動快樂的事項，可能反倒會讓另一個人心煩意亂。

這完全沒關係，你的在乎項目就是專屬於你，你可以自由選擇要重視哪些項目，自由安排那些事物的優先序。

你也可以隨時改變心意，隨意修改個人原則，再重新分配在乎成本。你聽過「機會犯罪」嗎？意思是一個人的犯罪行為並非事先計劃好，而是因為當下出現了機會，所以他才決定採取行動。幹捨離有時也會出現類似機會犯罪的情況，這是很正常的。以我為例，我真的對唱卡拉OK沒什麼興趣，但假如我今天人已經在酒吧裡，有人遞上麥克風，而我體內又有夠多的酒精催化……好啊，那就來高歌一曲吧！

我想說的是，在某個氣氛正好的時刻，你可能會心血來潮，難得想要做某件事。可能是做了會讓你心情好，或是能為看你出糗的人帶來歡樂。偶爾為身邊的人破個例，也不是什麼壞事。

管那些冷言冷語的人去死！

我從一開始就苦口婆心告誡你，「在乎別人怎麼看你」是必須幹捨離的一大重點。我想特別指出的「別人」，是那些會對你冷言冷語的人。打從你修練「不抱歉的清理法」到現在，你可能已經遇過幾個了，你要有心理準備之後可能還會冒出一堆人。對於你為追求美好生活而做出的幹捨離決定，這些人不是困惑不解，就是覺得被你冒犯而心碎。不管是什麼原因，他們就是沒有那個渴望或能耐去接受「不抱歉的清理法」出現在他們生活中。那是他們自己的事，重點在於：你不需要被他們的狹隘心胸或不安全感給絆住。你不但過得很好，而且每天都在進步。對於那些只會冷言冷語的人，管他們去死！

達到大徹大悟

不論你在開始閱讀本書時，是處在「不抱歉的清理法」頻譜的哪端，我相信你都在追求幹捨離的道路上有了進展，也開始加入已覺醒或正要覺醒的開悟者之列。

你會一路讀到這裡，應該代表你多少希望能活出「管他去死！」的態度。想必你受夠了生活塞滿一長串待完成的義務、待忍受的人，行事曆永遠沒有空格，必須一直喬時間，好容納永無止盡的一堆事。只能等到意料之外的行程變化出現，你才有可能在某天下午獲得喘口氣的時間。

也有可能這本書其實是朋友送你的，朋友應該是有什麼心聲想告訴你！

無論是什麼路徑引導你來到這裡，我都希望這本書為你示範了幹捨離絕非不可能的任務，也希望可以幫助你不至於崩潰。萬一你哪天理智線徹底斷裂，進療養院也不是不好，但你不需要把自己逼到山窮水盡的地步。

我只是想提醒你，「不抱歉的清理法」除了教你實踐幹捨離的行動步驟，更有預防的功效，幫助你一開始就不在心之倉庫囤積雜物。你可以把本書當作自己的《聖經》，每天都翻個幾下；也可以當成公車或捷運路線圖，供你不時定期參考。歡迎你把這本書當成靈魂衛星導航系統，在日常生活中指引心靈方向。當然，你要把書帶到田野間開槍轟爛也行。不管你接下來打算如何處理這本書，我都不在乎。

你可能會納悶：真的嗎？怎麼會？

答案你比誰都清楚。

後記

在撰寫本書的期間，我看到身邊有很多人都無法放下明明不想做或無需理會的事情。有些朋友整個週末都在當免費勞工，有些人心不甘情不願但還是答應別人的邀約，而我另一半還跟電話客服起了爭執，結果吵輸對方。我很欣慰自己可以完成這本書，讓這些需要幫助的人都有機會開始修練「不抱歉的清理法」。從現在起，他們都可以透過「不抱歉」的核心哲學，來活出自己最好的那一面。

一八三七年安徒生完成了著名的〈國王的新衣〉，在這則童話裡，一個國王裸著全身在宮廷外面遊行，因為他以為自己穿著漂亮的衣服。據騙子裁縫師給他的說法，「無可救藥的笨蛋」是無法看到這一套衣服的。國王自己看不到，但他當然不會承認，大臣們也都想保住工作，所以全部假裝自己有看到。宮外一路上的百姓也都裝死，甚至紛紛大力稱讚這套衣服多麼精緻、多麼華美。後來，路上有個覺得奇怪的小孩子忍不住大喊：「可是，國王明明就光溜溜的啊！」其他人聽到孩子說出的實話，最後都鬆了口氣，承認自己看到的只有國王的裸體。

我覺得自己就是那個誠實的孩子，而這個社會就是那位國王，生活中浪費時間、心力、金錢的種種負擔就是國王的新衣。所以，我決定挺身而出，大聲喊出「管他去死！」

各位讀者，你們就是那些百姓，你們也都可以活出「管他去死！」的態度。

這就是我的夢想。

雖然連我也尚未達到「不抱歉的清理法」的終極涅槃之境，但我每天都在大徹大悟的覺醒道途上更進一步。比方說，這週我開始破天荒斡捨離了泰國料理、嘲諷時事的深夜脫口秀，以及民主黨全國委員會（拜託別再打電話來騷擾我了，很煩！）。

最後想補充一點，我花了很多時間向某些人解釋了斡捨離的正當性，但他們都表示這概念聽起來很沒良心，搞不好他們心裡還覺得我或其他人具有反社會人格，才有辦法斡出這種事。

他們要這樣認定，真是太可惜了。雖然我不希望他們覺得我很差勁，但我依然繼續做自己，將我的斡捨離之路坦然地公諸於世，對於真正在乎的事投入更多在乎成本，活出最理想的生活。

而你知道的……

我一點都不感到抱歉。

放手斡捨離，人生好HAPPY！

管他去死是人生最大的自由：
活出理想人生的身心靈清理法則
THE LIFE-CHANGING MAGIC OF NOT GIVING A F*CK

作　　者　莎拉・奈特（Sarah Knight）
譯　　者　彭湘閔
執行編輯　顏妤安
行銷企劃　劉妍伶
封面設計　謝佳穎
版面構成　呂明蓁
發 行 人　王榮文
出版發行　遠流出版事業股份有限公司
地　　址　臺北市中山北路一段 11 號 13 樓
客服電話　02-2571-0297
傳　　真　02-2571-0197
郵　　撥　0189456-1
著作權顧問　蕭雄淋律師

2021 年 6 月 30 日　初版一刷
定價　新臺幣 320 元

ISBN　978-957-32-9195-4
遠流博識網　http://www.ylib.com
E-mail　ylib@ylib.com
（如有缺頁或破損，請寄回更換）

圖書館出版品預行編目 (CIP) 資料

管他去死是人生最大的自由：活出理想人生的身心靈清理法則 / 莎拉 . 奈特 (Sarah Knight) 著 ; 彭湘閔譯 .
-- 初版 . -- 臺北市 : 遠流出版事業股份有限公司 , 2021.06
面； 公分
譯自 : The life-changing magic of not giving a f*ck

ISBN 978-957-32-9195-4(平裝)

1. 自我實現　2. 生活指導

177.2　110009437